O.W. Fischer
MEINE GEHEIMNISSE

O.W. Fischer

MEINE GEHEIMNISSE

Erinnerungen und Gedanken

Mit 20 Zeichnungen und einem Nachwort
von Margarethe Krieger
sowie 100 Fotos

Langen Müller

Bildnachweis

Archiv des Autors: Nr. 1, 4, 18, 19, 58, 96 – 99, Seite 130; Archiv Dr. Karkosch, Gilching: Nr. 2, 3, 5 – 7, 10 – 14, 16, 17, 20, 24 –28, 34, 35, 39, 43, 44, 46, 48, 51, 52, 56, 57, 59, 61 – 63, 66, 68, 71 – 75, 79, 84 – 86, 90, 95, Seite 8; Archiv Margarethe Krieger: Frontispiz; Nr. 21, 29, 30, 36, 47, 87, 89, 92; Archiv der Salzburger Festspiele, Salzburg (Foto: Steinmetz): Nr. 88; Bilderdienst Süddeutscher Verlag, München: Nr. 23, 53, 64, 93; Deutsches Institut für Filmkunde, Wiesbaden: Nr. 76, 83; dpa: Nr. 69, 94; Filmdokumentationszentrum, Wien: Nr. 33, 37, 40, 41, 80, 91; Privat: Nr. 78; Stiftung Deutsche Kinemathek, Berlin: Nr. 42, 45, 49, 50, 60, 65, 70, 77, 81, 82; Ullstein Bilderdienst, Berlin: Nr. 8, 9, 15, 22, 31, 32

Der Verlag konnte in einzelnen Fällen die Inhaber der Rechte an den reproduzierten Fotos nicht ausfindig machen.
Er bittet, ihm bestehende Ansprüche mitzuteilen.

Dieser Band enthält einige Texte der 1986 erschienenen Jugenderinnerungen »Engelsknabe war ich keiner«.

2. Auflage April 2000
1. Auflage März 2000

© 2000 by Langen Müller
in der F. A. Herbig Verlagsbuchhandlung GmbH, München
Alle Rechte vorbehalten
Umschlagentwurf: Wolfgang Heinzel
unter Verwendung eines Fotos von Rémy Steinegger, Vaglio
Satz: ew print & medien service gmbh, Würzburg
Druck und Bindung: Huber KG, Dießen
Printed in Germany
ISBN 3-7844-2770-7

»Alles, was es gibt, sind Spiegel, sich, *sich selber* drin zu sehen.«

O.W. Fischer

INHALT

ERINNERUNGEN
9

BILDER ZUR KARRIERE UND ZUM LEBEN
73

GEDANKEN
131

Auf weißen Marmorstufen 135 • Der Geburtstag
der Bavaria 147 • Epilog 271

Nachwort
297

Film- und Fernsehverzeichnis
302

ERINNERUNGEN

DIE SCHILDKRÖTE

Also jedenfalls kam ich damals auf die Welt. Von alledem spürte ich noch nichts. Fürchtete ich mich vor etwas, war's die Schildkröte des Nachbarn. Ich stand an dem Gitterzaun, schaute nachtwandlerisch rüber auf die Schemen, die da vor dem andern Haus saßen, gingen, Kaffee tranken.

Man sieht ja als Kleinkind, wie in Platons Höhle, nur die Schatten, die die Sonne an die Wand wirft.

Plötzlich kam der erste Eindruck. Ersterinnerung dieses Lebens. Die Schildkröte.

Wie gesagt, wir werden ja dumm geboren, und dann stehen die Resultate alles Früheren vor einem.

Wer hat sich das ausgedacht? Die Erziehung? Für mich war der kleine Ritter mit dem Riesenschild und Panzer und dem winzigen Schlangenkopf das, aus dem wir einmal kamen.

Ich schrie auf. Wie er sich schleppte. Unaufhaltsam stapfte er durch die Farne seines Lebens, durch die ganzen Jahrmillionen, verhielt kaum und sah mich an mit beinahe toten Augen und war aus verborgnen Tiefen so durchdringend. Er war einmal groß, dann klein. Eidechsen und Riesenechsen geht es so und ihm und uns. Ohne Ende. Man kann niemals sterben.

Und ich rannte nicht davon. Ich war ein Jahr und er tausend. Ich schrie, und ich war gelähmt, bis mich meine Mutter holte.

Lachte, sagte: »Du, der tut nix!«

Oh, hatte sie eine Ahnung, was in kleinen Kindern vorgeht.

Was wir dumm nennen, ist stumm.

Aber es lebt mächtig weiter.

LORD

Und die dritte »Blitzerinnerung« war ein Lord: ein brauner Jagdhund (heute auf dem Ölgemälde, mit der Mutter, unterm Turm, wo sie mich geboren hatte).

Lord, der hatte noch Noblesse.

Übrigens, sind Sie mir böse, wenn ich kurz dazwischen schiebe: Oder sagte ich das schon? Lord oder das Zauntheater oder meine Schildkröte, alles, was ich hier erzähle, kommt aus ganz versunknen Bildern. Heute, als Erwachsener, weiß ich, wenn ich jemand treffe, meistens alles über ihn. Hör ihn reden, wenn er schweigt. Selbst in einer andren Sprache hör ich ihn oft ohne Mühe deutlich »reden« in der meinen. Manchmal aber dauert's lang. Denn das Leben spielt mit uns, beinah spöttisch.

Über diese Schildkröte und was die mir sagen wollte, weiß ich erst jetzt etwas, wo ich's schreibe, neunundsechzig Jahre später. Über die Komödie am Zaun schrieb mir eines der erwähnten Mädchen (siebenundsiebzig heut). Da stand das »Ereignis«, jede Regung wieder vor mir. Man tippt an, und aus dem Innern öffnet sich ein tiefer Brunnen.

Das waren meine Eltern, eh ich noch da war.
Vierzig Jahre hatte ich sie bloß *gern.*
Sehen Sie, jetzt *liebe* ich sie, seit sie nicht mehr auf der Welt sind.
Und Sie werden staunen, ich red oft und sehr herzlich mit ihnen. Tun Sie's auch mit *Ihren?*

◁ 1 *Meine Eltern, ca. 1912*

Und der Hund? Lord hatte ganz sicher die Noblesse, die manchem Kaiser fehlte. Der Franz Joseph hatte sie. Auch der war bestimmt kein Großer. Trotz des Leides, das ihn prägte. Doch er war ein Herr der Zeit. Anständig und ohne Tadel. Contenance, Bescheidenheit. Rassenhochmut ekelte ihn an. Adel! Achten Sie das nicht gering. Er war Vorbild. Vorbild ist hier auf der Erde nötiger oft als Genie. Genie, das ist eine andre Welt. Unheimlich. Ist eine Ehe mit den Genen. Es heißt ja Genie. Genie, das ist ein Versinken in ein Inneres. Ist oft wie ein blödes Horchen, bis es redet aus einem. Ein jeder hat es, wenn sich etwas in ihm öffnet. Von Natur haben es die Tiere und die Hirten. Daher füllen Tiere Wappen, Fahnen und die Giebel. Und die Götter dieser Erde nennt man manchmal gute Hirten, und sie selber sich ein Lamm.

Ein Genie, das meidet man und beneidet's, feiert es gewöhnlich erst, wenn es weg- und wenn es eingeht in die Sphären seines Wesens.

Vorbild ist was anderes. Vorbilder kann man erreichen. Das braucht's für die Generäle, Briefträger und für Beamte. Vorbild war dieser Franz Joseph. So was liebt man. Und die Spötter werden immer kleiner. Franzi war nach ihm benannt. Ich nach Bismarck, na, Sie wissen schon, dem Eisernen. Die Hurrafigur von einst und die Sehnsucht aller Neider.

Die Welt wurde national. Und mit Österreich ging's zu Ende. Tschechen, Deutsche, Italiener nannten ihre Kinder nach Sternen wie Andrassy, Wlk und Garibaldi.

Ich war am Geburtstag Bismarcks angekommen. Na, wenn das kein Trara ist! Bismarck! In der breiten Brust, ganz drin, war er kein Rocher de bronze. War ein armes Flammenmeer, Sucher, Beter, tief, verzweifelt. Problematisch.

2 Als Zweijähriger mit Tirolerhut ▷

Namen, sagt man, sind kein Zufall. Nein, auch nicht bei Lord. Er war Hund und ungeheuer nobel.

Vater war grad Sekretär. Und ein Freund aus seinem Amte schrieb einmal über die beiden: »Vornehm blickt der Sekretär. Der Lord schaut noch vornehmär.«

Ich sah Lord, den Hund, nie an. Ich sah überhaupt noch nichts in der Trance so kleiner Kinder. Aber plötzlich ging ich hin zu ihm, und ich küßte ihn, in Verehrung und in Liebe, auf die Schnauze. Mutter rief: »Gib acht, die haben Würmer.« Ach, ich hörte gar nicht zu. Ich fühlte, er war was Großes, und ich seh sein Lächeln vor mir. Väterlich, auf andrer Ebene. Lord.

3 Als Sechsjähriger mit meinem älteren Bruder Franz in Fotografierpose... ▷

DAS HAUS IM HOF

Unter dem herrlichen Nußbaum, den wir liebten, war ein hübsches Hauerhaus. Hauer hießen die Weinbauern, die langsam den Städten wichen.

Da war oben – freie Treppe – ein Dachboden für die Spinnen. Diese Wundertiere, die Kunstwerke ohnegleichen spinnen. Tesla müssen sie als sein Vorbild für das Über-Ohr-Radar, manchmal mit den Regentropfen, mit denen sie so herrlich schimmern, gedient haben. Sie hatten dort ein Zauberreich. Spannen Netze zwischen Pflügen, Rechen aus dem neunzehnten Jahrhundert. Vielleicht früher.

Menschen interessieren sich wenig für den abgelebten Plunder. Nur die hohe Dekadenz interessiert sich für das Alter. Andre sind dem »Toten« gegenüber dumm. Dabei lernt man, lernt man überhaupt etwas – aus Vergangenem.

Wenn die Schörg-Großmutter sagte, frag dich selber, Bub, ob das oder jenes richtig sei, war das doch der Stein der Weisen: Es war doch der Rat der Ein-Sicht, eines Horchens in sich selber, in das Ganze, das Vergangne, in das »Innre«, in die Sammlung aller Leben, in das Wissen der Genome, die mich bildeten und bauen...

Noch was Irres aus dem Narrenhaus

Der Respekt vor den Beamten endete in Österreich nicht einmal vor Sprößlingen.

Der Portier besagter Anstalt kannte mich als Sohn des Amtsrats. Ich streunte vorbei. Er nickte schmunzelnd. Träumend strahlte ich zurück. Und dann war er weg. Mußte er nur rasch aufs Klo? Aber als er weg war, war ich drinnen. Über einen Pflasterhof. In der Mitte die Rabatte. Durstiger Taxus. Kahle Hallen. Lange Gänge. Alle Türen fest verschlossen. Eine war nur angelehnt. Holte eine Pflegerin Wäsche? Nichts geht über Kinder-Neugier. Eine Türe ging ganz leicht auf. Gitterbett. Ein nacktes Mädchen. Mitten im zerfetzten Hemd saß sie, sah mich an aus grauen, armen, schönen Augen. Ich sah sie an. Ich empfand nicht ihre Nacktheit.

Eine helle Loreley winkte mit dem schmalen Köpfchen. Ich ging hin und hielt die Hände an das Gitter. Und sie küßte einen Finger durch die Maschen.

»Servas.« Und ich sagte: »Servas.«

»Burli, machst auf?« Und ich machte auf, wo sie's zeigte. Sie zog mich zu sich ins Bett. Küßte mich wie die Madonna ihren Knaben. Wieder dieses Lächeln in mir wie im Trog. Beim Fast-Ertrinken. Völlig unschuldig. So sauber wie das Wasser.

Hier also der »Engelsknabe« (mit seinem älteren Bruder Franz).
Dieser Lauser hatte wohl keine Ahnung, daß er dereinst den Titel eines Buches zieren würde.
Oder fühlte er so was?
Zuzutrauen wär's ihm.

◁ 4　*...und mit Matrosenkragen*

Plötzlich Aufschrei. Nicht von ihr oder mir. Nein, die Pflegerin kam ins Zimmer. Riß mich weg und schmiß das Bett zu. Und dann kam das Wutgeheul einer Bestie. Riß und tobte an den Maschen. Wo war plötzlich die Madonna? Eine Tigerin ohne Junges.

Jemand hat es ihr genommen.

Man hat Mutter angerufen. Sie erzählte abends schluchzend Vater, es wär eine ganz Gefährliche gewesen. Unheilbar. Ich lächelte, urerwachsen, als ich's hörte.

5 Als Chargierter während der Studienzeit in Wien, 1933/34

NOCH EIN LETZTES GROSSERLEBNIS AUS DER WINZIG KLEINEN KINDHEIT

Ich stand mit der Mutter, noch sehr klein, vor dem Schnapshof, einer großen Brennerei in der alten Martinstraße. Rechtsab liegt, kommt man vom Bahnhof, die uralte Fischergasse. Süß. Vorgotisch. Und das riecht man. Aber himmlisch anzuschauen.

Mit uns Fischers hat der Name nichts zu schaffen. Fischer ist ein Sammelname der Zunft, die die Fische fängt. Und das taten die Urahnen in der Steiermark, Schweiz und Mähren oder sonstwo. Aber das ist lang her.

Und doch starrte ich als Knirps ganz verliebt auf diese hohen Häuschen. (Hochbeinig wegen Hochwassers. Ah, die Donau kann gemein sein.) Und ganz unten war ein Stadttor, das fast ganz am Wasser war. Rechts und links von dem Tor stank es, aber längst nicht mehr nach Fischen. Die Badgasse roch seit vielen hundert Jahren nach dem ältesten Gewerbe.

Irgend etwas zog mich an. Nicht das älteste Gewerbe. Dafür war ich nie geeignet oder ansprechbar. Verwöhnt von den ehrbaren Unbezahlten.

Außerdem war ich drei Jahre alt, damals.

Ich hörte mit halbem Ohr auf die Mutter und die Dame, wie sie tratschten, con sordino, wie man spricht, wenn man nicht will, daß es jemand hört, und wo selbstverständlich jeder zuhört.

6 Als zwanzigjähriger Student ▷

Und sie redeten von der – vor vier Jahren – hingeschiedenen Eigentümerin des Hofes, die so elegant und hübsch war und – frivol.

Und auf einmal fühlte ich, der noch gar nicht recht Geborne, daß in meiner Mutter etwas ganz Besondres vorging. Ich sah sie nur flüchtig an oder gar nicht, aber spürte was von ungewöhnlich brennender Bewunderung für dieses verstorbne Mädchen mit dem Schleier und dem Rock, der so eng war. Fast so was wie eine vorbestimmte Liebe zu ihr war in Mutter.

Und ich schaute unpathetisch, zeitlos, wie die Kinder sind, vor mich hin und sagte zu mir: Das war ich.

Mutter fiebrig, sagte zu der anderen, sie wär nur etwas erkältet und nahm meine Hand: »Dann gehen wir. Grüß schön.« Und dann gingen wir.

Auf dem Heimweg wußte ich, warum ich voriges Jahr, als ich zwei war, im Hofe der Bauernwirtschaft von Großmutter rummarschierte mit der Gießkannen als Trommel. Schlug mit einem Schlögel drauf und skandierte diesen Namen: den Namen von der verstorbnen Schönen, den ich nie in diesem Leben je gehört hab. Schrie ihn wie ein Ausrufer, wie ein Herold jenes Lebens.

Großmutter erzählte oben der versammelten Familie, ich mache das jeden Tag eine halbe Stunde lang. Hühner, Gänse würden fliehen, und die Ziegen meckerten.

Alle lachten laut auf, nur Mutter war blaß und verlegen. Und sie wußte nicht, warum.

Als ich schon Student war und wir in der Martinstraße wieder wohnten und ich abends müd nach Haus kam, ging ich oft »irr-

◁ 7 *Als Flaneur in der Münchner Ludwigstraße Ende der dreißiger Jahre*

tümlich« rein bei dem Schmiedeeisentor, wo vor vierundzwanzig Jahren diese Frau gewohnt hat. Doch der Sensus eines Kleinkindes war damals nicht mehr vorhanden. Ich konnte mich nicht erinnern an die »Reise«. Später kam es dann erst wieder, als sich manche Kreise schlossen.

DIE HOHEIT

Um die Zeit war es, daß wir damals im »Stellwagen« noch mit Pferden von der Station zur Pension fuhren.

In der Ecke dieses Wagens, in der letzten Reihe, saß eine Dame. Graues tailor-made Kostüm, schwere Seide. Schlank und aufrecht. Graue, müde, schwere Augen. Unbeweglich wie ein Yogi.

Und die Mutter puffte Vater, zischelte: »Dort sitzt die Erzherzogin X., die Tochter von dem Kronprinz Rudolf.« Vaters ähnlich graue Augen leuchteten ganz kaisertreu. Sonst hatte er Kaisertreue längst vergessen in der freien Republik, der er republiktreu diente. Doch in ihm, in seinen Genen, war sie ewig wach geblieben.

Diese Dame war sehr alt. War selbst eine Renegatin ihrer tausendjährigen Zuchtwahl. Wie ihr Vater viele Mitzis schon beglückt hatte (bis zur kleinen Vetsera, die ja auch im Adel tief stand, doch dafür mit ihm gestorben), war auch sie sehr »neuzeitlich«, ausgetreten aus den Reihen, die so viele hundert Jahre der Welt als »Verklärung« dienten (herrschten über Kontinente), hat sie, diese Erzprinzessin, bürgerlich geheiratet, einen ganz gewöhnlichen Anwalt. »Na, so was«, sagte Gabriele (Ärztin, Tochter eines lothringischen Kleinarbeiters) ganz empört über die Schande.

Grotesk, nicht? Waren denn die anders als die andern? Doch, sie waren's.

Und ich sag das nicht nur, weil mich plötzlich ihre grauen Augen »fingen«, ansahen, und ein weiches Lächeln in die ewige Maske trat, ich harmlos wie eine Katze hinging, sie mich nahm und hielt und küßte, abwesend, als wären wir ganz allein gewesen.

Nein, ich habe nie im Leben so vieles an Würde, Selbstverständlichkeit erlebt, Trauer, Einsamkeit, Grandezza, wie in dieser alten Dame. Manches Mal, aber nicht ganz so, fand ich so was bei der Garbo oder auf den Bildern der Eleonora Duse.

Erstere war Tochter eines Straßenkehrers oben in Stockholm und die andre armes Kind fahrender Komödianten. Aber sie waren eben auch Hocharistokratinnen, Wesen eines andren Sterns, wie der Jagdhund Flott und Lord. Losgelöst.

Wenn das so ist, muß es doch schön sein, zu sterben oder vielmehr tot zu sein.

München anno '37.
Heide Hatheyer, die Große.
Und er?
Na, das Profil ist gut und die Hände.
Aber der Charakter des Gesellen, den er darzustellen hatte ...
Ich sehe schon, ich muß Ihnen noch viel erzählen, nächstens oder ...?

8 Mit Heidemarie Hatheyer in »Der Gigant« von Richard Billinger,
Münchner Kammerspiele 1937 ▷

DER WILDE

Oh, alte Burschenherrlichkeit, wann hast du angefangen? Bei mir mit knapp vierzehn Jahren. Ich seh dieses Leben, mein sich rasend schnell Entwickeln wie im Zeitraffer abspulen.

Dabei war ich alt geboren. Und daß ich noch lebe, ist das reinste Wunder. Bei dieser Geschwindigkeit wär manch andrer längst gestorben.

Also, wie war er denn wirklich, dieser Abschnitt, dieser nächste? Jede Jugend wollt sich noch spielend, lachend selbst zerstören.

Kneipen, Kriege, Disco-Luft oder Drogen.

Warum?

Wahrscheinlich aus Angst vorm Tod, der ja unausweichlich dasteht hinter jedem, ihn in Vollkraft provozierend. Aber da er, dieser Tod, tiefster Sinn ist, fehlt einem in diesem Alter der Verstand ihn zu verstehen, und der Mut wird oft zur Dummheit.

Bei uns waren's damals noch Zigaretten, Bier und Nächte. Später waren's Drogen, Kriege. Schließlich heute, blaß und hübsch: Hurra, wir gehen zugrunde.

Kurz, um noch mehr zu erleben, noch mehr, war ich schon als Hosenmatz Bonvivant, Mini-Verführer, und die Burschenherrlichkeit dauert jetzt schon siebzig Jahre. In mancher Beziehung!

Damals war mein Bruder Franzi schon im zweiten Stock, im Ober-Gymnasium, und die Politik hielt Ausschau nach den Kindern. Nur wir wußten nichts davon. Die von heut wissen's auch nicht. Ich glaub, nicht einmal Politiker wissen wirklich, was sie tun.

9 Mit Hans Moser in dem österreichischen Film »Anton der Letzte«, 1939

Da, schau da, ein Kindesvater?
Ja, ja, das waren frühe Sünden.
Moser war der Taufpate.
Das Kind ist jetzt 61 Jahre.
Was aus dem wohl geworden ist?
Puppe in der Requisitenkammer, denke ich.

Und ich sagt es schon, das Volk nie! Das murrt pfui und schickt die andren nach oben, und wer am schönsten schreit, den wählt man. So hat man stets sein Theater und bleibt immer Idealist.

Auch wir wollten überhaupt nichts als Spektakel. Promenierten Sonntag auf dem Rathausplatz. Lachten über die drei Leutnants, drüben auf der andren Seite des Marienmonumentums. Eigenartig stille Burschen, schmal und elegant, trugen sie den Schimpf, das Ländchen, das geblieben war zu verteidigen, nobel, wie es früher war.

Und sie haben einen Zipfel Steiermark und Burgenland, Klagenfurt und das Südkärnten für die Großmacht der Musik und der Herzigkeit gerettet.

Und wir lachten über sie. Gingen links und sie da drüben. Gab es keine Mitte? Nein. Auch heute nicht. Der Verlust der Mitte sollte sich und wird sich rächen. Wir sind Wesen der Balance! Ja, nu. Warum lachten wir über diese feinen Kerle? Warum? Ah, wir wollten leben! Völlig frei und ungebunden, wollten uns zugrunde richten dürfen!

Bald darauf erfüllte sich dieser Wunsch. In vollen Zügen. Von dem Jahrgang fünfzehn blieb kaum etwas übrig. Und vom Jahrgang vierzehn, dreizehn, sechzehn, siebzehn und so fort auch nicht. Starben an dem Gegenteil von dem, was sie damals wollten. Ganz unfrei und sehr gebunden und en masse. Die Menschheit ist voller Logik, wie man sieht, und die Zeiten ähneln sich schrecklich.

Nun, man soll nicht sagen, es hätt damals niemanden gegeben, der die Wahrheit nicht gespürt hätt und der nicht das Schlimmste wenigstens abwenden wollte und der nicht oft ausgerutscht war, auch beim besten Willen. Man zieht Fäden, und man zieht sie manchmal auch in guter Absicht.

10 Mit Elfriede Datzig in »Meine Tochter lebt in Wien«, 1940 ▷

Weiß nicht, wer auf die Idee kam, Kinder von den Teufeleien links und rechts zum Mittelweg, zu der langgewachsenen Steuerung wilder Triebe zu bewegen.

Bei uns hatte das Katholische endlich seine Bettschwere, Alters- und Erfahrungsruhe. Da war nichts mehr von Gott-straf-dich, auch nichts von sehr großer Ich-verbrenn-dich-Liebe, es hatte sich eingependelt zwischen Himmelreich und Logik, der Vernunft und Pferderennen, und ein Riesengeist lebt weiter in der Mozart-Krö-

nungsmesse. Meister Parlers, Prachatitz', Pilgrams Finger zu den Sternen, dieser Stephansturm, schöner als die Peterskirche, rufend, Blitze auf sich lockend, schleudernd. In diesen gewaltigen Mauern Roms und Luthers stand Europa. Habsburg hätt es nie und nimmer ohne Rom errichten können. Nach so vielen schweren Sünden war das Christentum schon Zuflucht.

· Und so warb man um die Kleinen, ließ schon uns Gymnasiasten Couleur tragen, Zerevis, neben dem Monstranzenhimmel herstolzieren mit gezognem Degenschläger, Buchsen und Kanonenstiefeln, und die Stiftsglocken läuteten. Und ich fiel in Ohnmacht. Hatte zuviel Bier getrunken vor der feierlichen Weihe. Nein, so war das Abendland nicht zu retten.

Eigentlich durft man ja nicht Band und Mütze so früh tragen. Nicht? Die Ober-Gymnasiasten durften erst gesundheitsschädlich kneipen, grölen, raufen, balgen, gemildert durch Christentum.

Politisch war Unvernunft eingebettet in das Milde. »Ex-Leibfuchs.« Da stand der Knabe aufgereckt und trank den Bierkrug (bei uns Krügel) völlig leer. Zog das Kappel an das Herz, und der Degen-Schläger knallte auf das Tischholz.

»Geschenkt«, sagte, selbst schon bläulich, dann der Alte = Senior von siebzehn Jahren. Das hieß basta, setz dich, Junge. Erst mit fünfzehn durfte man dieses Männerspiel betreiben. Aber ich durft es mit vierzehn. Ich weiß nicht einmal, warum, wieso?

Kein Adonis. Nachher nicht besonders stark, schnell und drahtig, auch kein Kerl. Doch ich durft es. Intelligent? Ach wo. Auch nicht besonders wendig. Damals half – auf dem Gebiet – sicher auch nicht mehr der Vater. Doch ich durft es. Niemand schlug mir etwas ab. Das war höchst gefährlich. Doch ich hatte einen Engel. Schutzengel. Gibt es denn so was? In der Praxis gibt's das sicher. Einer ist beschützt, geleitet und entwickelt sich aus nichts. Nicht aus Leistung. Oder Gaben. Aus dem Nichts. Das war das Rätsel, dem ich später so sehr folgte.

Wir leben, ich sag es noch mal, lang. Und manchmal springt was aus der Kette, fällt in eine gute Erde und geht auf und läuft in jene freieren Bahnen. Landet schließlich auf Anhöhen. Kann sich irgend jemand rufen und was sehen. Und die Wege sind sehr kraus.

»Oho, alte Burschenherrlichkeit, wohin bist du entschwunden? Nie kehrst du wie-ie-der, goldne Zeit, so frei, so ungebunden.«

Alle Länder haben so was, und die Alten rührt es sogar insgeheim, daß die Jugend sich das traut, soviel zutraut, ja sogar soviel an Blödheit.

Ich darf's sagen. Ich gehörte doch dazu, oft und gerne. Es ist ja beinahe inevitabel! Raus aus dem Trott, aus dem Sausen dieser Runden, an dem man wie Fliegen klebt.

O ja, man versteht's und tut es. Goethe tat's in Leipzig, Straßburg und ist trotzdem Exzellenz – und sehr exzellent geworden. Schiller trieb es zu den »Räubern«, Gott sei Dank nur auf dem Papier und da gottbegnadet.

Dichten sollte man die Stürme und die Dränge! In der Tat – bringen die Taten so viel Unglück. Manchmal. Hat man keinen Schutzengel aus der früheren Leben Genen und in Auren seiner Seele, die aus vielen Gräbern hochdampft.

Und wenn nicht gerade Teufel an den Rudern sitzen, an denen das Jahrhundert verflucht und verdammt reich ist. Adolf, Josef, noch einmal?

Denn auch sie waren nicht bedacht. Waren Dränger. Stürmten, stürmten. Gelang's nicht, wurden sie Teufel. Und so geht das Schritt für Schritt, tiefer in die Dickichte.

Wehrt sich heute einer gegen diesen krankhaften Sadismus, der sich in die Medien schleicht, oder gegen dieses andren Erbe – Bankraub und Bordellgewerbe? Kalter Mord, wenn's nicht gelingt. Sturm und Drang!

Ich hatte einen Schutzengel.

Wir waren auch im Bordell, fuhren nach Wien. Elf Kilometer weiter von dem Reben-Klosterneuburg. In die dunkle Stinkegasse neben dem Franz-Joseph-Bahnhof. Taten einer vor dem andern überlegen, sehr erwachsen. Schauten hochmütig die arme, aus dem Leim gegangene Frau an, die uns schmutzig-mütterlich angrinste. Hatten an Verlegenheit viel zu kompensieren. Ich glaub nicht, daß einer unter uns war, für den es nicht Premiere werden sollte, wollte und nicht wurd.

Das »Hotel«. Man glaubt es nicht. Wie aus Frau Diavolos Räuberhöhle.

Sie ging vor. Wir drängten nach, nicht ahnend, wer zuerst sollte oder wie man überhaupt so was machte, in das matt erleuchtete Elend. Der Rest reckte seinen Hals, was dem Vortrupp denn gelänge.

Ich glaube, wir taten dieser alten Hure leid. Keiner rührte sich, nur Hochmut stand vor der Verzweiflung. Streichelte sie uns die Wange, armselig charmant sein wollend, unbewußt gehemmt durch Alter und durch Armut, wich ein jeder angewidert aus.

Nur sie zog das Fähnchen aus. Ohne Wäsche. Das war nicht ermunternd. Als sie schließlich noch mehr zeigte, war's zuviel. Mir fiel meine Mütze, meine grüngoldene Mütze, die ich zwischen Rock und Mantel rasch versteckt hatte, zu Boden. Auch sie mußte die Blamage miterleben. Keiner hat die Frau berührt. Wir bezahlten die zehn Schilling, jeder. Sie war hoch zufrieden und kroch traurig ins Kleid. Irgendwo war sie doch Frau. Jetzt kamen nur noch Betrunkne, Schwerbetrunkne. Und das Leben war zu Ende.

Arme, liebe alte Ratte. Welches Biest wird dich erschlagen?

Wir waren draußen. Kicherten wie die Backfische vor Scham.

◁ *11 In »Der Meineidbauer«, 1941, nach dem gleichnamigen Schauspiel von Ludwig Anzengruber …*

Lehnten uns hysterisch lachend an die Mauer, bis wir merkten, die war dreckig von dem Bahnruß.

Mit dem letzten Zug ging's heim. Klosterneuburg. Stiege hoch. Uralt ausgetretne Stufen. Postamt mit geborstnen Federn. Fischergaßl mit dem Schnapshaus, wo ich mit der Mutter stand, und ein Geist aus ihr zu mir kam.

Irrenanstalt. Unheilbare Madonna, diese Nackte. Martinschlößl. Edle Conny mit den langen Unterhosen. Pfarrhof mit dem Pater Ivo und dem munteren Hochwürden.

Und dann schlich ich mich hinein in die Nr. 53. Hinauf die getäfelten Stufen. Unsre Truhe. Drüber dieser ausgestopfte alte Fuchs. Links im Keller vormals meine Hansi-Ziege. Im Hof draußen der Wassertrog, wo mich, Biene, der Narr Tony rausgezogen hat. Gerettet? Wo ich mich so sauber fühlte nach dem Fast-Tod, grad wie heute.

Und dann schlief ich glücklich ein. Ich hatte doch einen Engel.

◁ 12 ...und hier mit Ilse Exl am Pflug in diesem Film

FLOTT UND GANKERL

Ich erwähnte grade Flott. Von Flotts, edlen Jagdhunden, hatten wir ja mehrere.

Aber der erweist mir Ehre, wenn ich ihm ein kleines Denkmal bauen darf.

Flott war nicht nur nobel edel, schön langbeinig, unnahbar. Er war wirklich übermenschlich. Wollte keinen Hasen apportieren, niemanden töten, und Jäger verachteten ihn dafür wie ich meinen Vater, daß er mich nicht an die Wand schlug, als ich lallend ihn beschimpfte.

So verachteten die Männer Flott, weil er nicht mehr morden wollte, wie sie es taten. Aber da man vor solchen Wesen innehält, wie vor etwas Unsichtbarem oder vor dem andern Leben, kurz vor Besserem, mißachtet man sie nur von »außen«, doch verehrt sie mit dem Innern.

Man behielt Flott wie was Überflüssiges, aus dem das Geheimnisvolle, das wir alle in uns suchen, überfließt.

Eines Tages wurde klar, wer und was Flott wirklich war.

Meine Tante hatte einen Dackel, Gankerl hieß er. Lange Nase, wie es sich gehört, lange Ohren, die, wenn Dackel galoppieren, im Wind flattern. Viel Humor, Verschmitztheit, Frechheit, bandelte mit jedem andren an, zwickte manchmal große Hunde und ließ sogar manche meinen, er wär stärker als sie alle.

In der Obern Stadt (wo anders?) war ein Riese, etwas Seltenes, schwarzer Wolfshund, prächtig, stark und sehr gefürchtet. Ich glaub, Löwen hätten um ihn rum sich vorsichtig benommen. Gankerl biß ihn in den Hintern. Nein, man glaubt's nicht. Doch

40

der Schwarze war viel schneller. Gankerls Flucht mißlang, und eh wir uns, auch uns gefährdend, rettend zwischen beide hätten werfen können, wäre Gankerl tot gewesen oder zumindest verletzt, schwer verletzt.

Und da geschah's: Flott war mit Gankerl befreundet. Hatte sich bei dessen spitzbübischen Extratouren schmunzelnd oder ohrenschüttelnd abgewendet. Doch jetzt, wo Gefahr, echteste Gefahr in Sicht war, Lebensgefahr, stürzte sich der sanfte, feine und geliebte Flott in die Schlacht auf Leben und Tod.

Kämpfte, als hätt ihm der Himmel alle Kräfte eingeatmet, und der Wolf verlor und trollte sich, von hinnen hinkend. Flott stand zitternd und bereit, es mit allem Bösen weiter aufzunehmen, allen Mord mit Heldenmut zu bekämpfen, wie ein heiliger Michael zeigte er göttliche Nachricht: Liebe ohne Kraft ist Schwäche.

ERNA

Dann geschah es, was ich hoffe, daß es vielen noch geschehe, daß ein Engel sie errette.

Prosaischer ausgedrückt, es kommt meist die große Wandlung, wenn die Jungen sich verlieben. Dann werden sie plötzlich Väter, mit und ohne Fortsetzung. Ich mein Nachwuchs. Manche werden sogar Helden – wie Flott. Stellen sich vor Schutzbefohlne. Werden groß und werden Kämpfer. Hören nicht auf Rattenfänger, unsre Zeit ist reich an solchen, denken nur mehr an ein Nest, wo aus Bengeln Engel werden können.

Nein, ein Engel wurd ich nicht wie mein Vater. Aber mit dem ersten Kuß fiel das »Laster«, kam die Wende, und ich glaube, sie hielt an bis zu diesem heutigen Tage, vierundfünfzig Jahre später.

Ich sitze an meinem Schreibtisch, habe grad mit ihr gesprochen, telefoniert, und ich fühlte ihre saubre Seele, die ich immer lieben werde.

ERNA.

Es gab am 30. Jänner 1931 (ich weiß heute noch das Datum, Erna und ich feiern es immer) einen feuchtfröhlichen Ausflug.

Schiefes Kappel auf dem Schädel. Provokante Kinderblicke. Wen wollten wir provozieren? »Ei'fach« sagen die Schweizer und die anderen »Nur so«.

»Feinde« kannten wir noch gar nicht, denn die »Nationalen«, unsere Konkurrenz, waren auch nicht soviel anders als wir selber. Sie hatten manchmal (selten!) schmißähnliche Kratzer auf den Wangen. Trugen knappe Badehosen, forderten auf diese Weise, da Duelle nicht mehr Usus, ihre Mädchen eben raus.

Aber da wir diesbezüglich, etwa im Vergleich zu heute, unterentwickelten Stämmen glichen, waren wir mit fünfzehn – Mädel, Buben – ahnungslos in puncto Lüsten. Wir zogen erst die Brauen hoch, wie's die Lebemänner machen. Oder schwenkten, im Fall Mädchen, Röckchen aus Erinnerung an die vormals stattgehabten Leben. Aber in dem jetzigen war's noch duster, zappelten – richtige Kinder.

Feinde – innen oder außen oder beim andern Geschlechte – keine.

Alles war noch, trotz und wegen dieses großen Krieges, der erst dreizehn Jahre vorher die Rauflüste dieser Welt aufgeschoben hatte, ziemlich friedlich. In unsrem gotischen Städtchen sicher.

Manchmal hörte man, daß ein ungarischer Hauptmann, der in einem Nachbarhaus mit mehreren Frauen lebte, eine derer kurz verhaute, die sich anfangs wütend wehrte. Dann wurden die Klagen kläglich. Denn er war der Stärkere, und der Nachbar sollt's nicht wissen.

Oder dem erwachsnen Sohn aus dem andren Hause schmierte dessen Vater eine so nach altem Brauch, und der schrie: »Das laß ich mir nicht gefallen«, bis die Wange wieder blaß war und Empörung sich gelegt hat.

Das waren unsre Kriege. Interessant für Soziologen, die sich grad ein Thema suchten und nicht wußten, was Sex war und wo Kampf gefährlich wurde. Wenn man sie in Ruhe läßt, wird Natur von selber ruhiger, und die Kirche bleibt im Dorfe.

Friede nach der Selbstvernichtung 14–18.

Und erst gar in mir.

Eigentlich war ich ja immer so ein ganz klein wenig abseits, wie ich Ihnen schon erzählte. Selbst die wüsten Eskapaden lebte ich wie halb im Traume. Distanz zwischen mir und mir war da immer. Immer so ein bißchen grade überm Teppich. Nie ganz da.

Wüste Gelage? Quatsch, man soff halt wie ein Loch in die Hohlräume da drinnen. Sonst war ja auch nichts drin. Und gerauft wurde ganz selten. Oder nie. Ich weiß es nicht mehr. Wie die Kinder im Sand spielen, spielten wir mit unsrem Bierkrug.

Rieben »Salamander«, wußten gar nicht, was das war. Man rieb die gefüllten Krüge, trank sie aus und trommelte mit den armen Dingern auf die Tische, setzte sie mit einem Schlag darauf.

So ehrte man irgendeinen, der grad einen Trinkspruch ausbrachte, nicht ganz so dumm und so hölzern wie die andern, ehrte ihn auf eine Weise, die vielleicht die Altgermanen oder Indianer und Malaien noch verstanden, das Geheimnis dieses schönen, goldgefleckten Fabeltieres noch in den Genen. Salamander. Brachte er Glück oder Unglück? Wollte man das, was er trug, in sich bloß verscheuchen? Salamander.

Ich erinnere mich, daß hier, fünfundfünfzig Jahre später in Vernate, ein recht primitiver, hübscher Italiener einen Salamander »ganz abscheulich« fand. Ich fand das Tier unbeschreiblich. Ein Geheimnis.

Aber wie er zu der Form kam und den Flecken und dem Kriechen, hat ganz sicher seine metaphysische Geschichte, für die man zu blöd geworden ist.

Ich weiß, ich sollt nur erzählen. Aber blind nur weiterstapfen wie Freund Molch macht mir als Mensch halt ein recht schlechtes Gewissen. Hat der Mensch Sinn, kann's nur der sein, zu begreifen und durch Wissen auszusöhnen mit sich selber. Und zu sich gehört nun eben alles andre. Man merkt es auf Schritt und Tritt.

Man bleibt sich treu und bildet sich und gehört immens zusammen. Deshalb dieses Eskapieren von mir, diese Dauerexkursionen aus den ganz gewöhnlichen Kurzgeschichten, die man eben Leben nennt.

Ohne Sinn bleibt alles Tratsch und Verzweiflung, wenn's zu End geht.

Im Zurückschauen findet man immer Sinn. Wo man steht, gibt es die Wendung, gibt es dieses Sich-Erinnern und die Lösung eines Rätsels.

Aber zurück zum Erlebten, zum Sichtbargewordenen, zu den Sinnen, die oft erst am Höhepunkt eines Lebens, bei dem Abschied von den Sinnen, Sinn ergeben können, wenn man Glück hat.

Ich könnte noch viel erzählen von der Burschenherrlichkeit, die ja nicht nur immer dumm war. Man fiel zwar in Straßengräben, aber landete nicht drinnen, man blieb nicht in dem Moraste.

Zog sich an dem Zopf der alten Sitten und Gebräuche, an der eingebleuten »Ehre« wieder hoch und wieder raus. Versank nicht

◁ 13 In »Sommerliebe«, 1942, *allein...*

im Nihilismus Dostojewskischer Gestalten mit den Taiga-Phantasien und dämonischen Souffleuren oder in der Drogenszene unsrer dämmerigen Tage.

Es gab eine Zeit, wo die Burschenschaft der Freiheit diente gegen Adolf Bonaparte oder wie hieß dieser Kriegsheld, der Napoleon Schückelgruber. Oder so.

Man versuchte sich mit Liedern oder Grölen zu befreien und trug außer bunten Mützen auch den sogenannten »Stürmer«. Das ist ein zerquetschter Tschako, wie eine Ulanen-Tschapka, und ist einer Jakobiner-Mütze nachgebildet. Diese vorgestülpte Zipfelhaube fiel schon den französischen Brüdern tief über die glühenden Augen, als sie sich auf ihrer Place de la Concorde, dem Platz der Einigkeit, Harmonie und Menschenliebe an dem Massenmord begeilten, dem publiken Ungeheuerwerden einer großen Menschenmasse.

Kreischend, strickend und besoffen.

Aber das ist das Geheimnis oder eines von den vielen in uns allen: Wie Geburten uns zerreißen, Höllenschmerz und Blut und Schleim manchmal Hinreißendes zeigen, sprich gebären, stieg aus dem Geschilderten die sanfteste Form des Lebens, die Demokratie: Würde im Meer der Gefahren, die ihr Ursprung mit sich brachte.

Aber waren wir nicht beim Otto Fischer? Eben!

Dieses Sturm-und-Drang-Produkt, dieses schwer gefährdete Büblein, Hofratssohn, aus einem Stande, konservativ wie der alte Goethe, dem die Anarchie (auch die eigne wahrscheinlich) »verdrießlicher denn der Tod« war, begegnete an dem Tage, dem dreißigsten Jänner 1931, einer andren Welt.

Tomek Rudi, Moser Ernstl und ich wollten also auffe (hinauf) zum »Hameau«. Hameau? Ja, im alten Österreich wurde noch genug französlt.

14 ...und in einer Szene mit Susi Nicoletti ▷

Wir waren ja des gleichen Stammes. Wir waren Kelten wie die drüben, links vom Rheine. Auch germanisiert von Franken. Vormals waren sie Gallier. Aber angeführt vom Rheingrafen Capet (später erst Bourbon) hatten sie Sehnsucht, Talente für Gavotte und Menuette, Umgangsformen, sprich Allüren, und aus fränkisch ward französisch. Vielleicht reden wir noch drüber, wie aus der Force Majeure – fors maschöör geworden ist. Das ist amüsant.

Wir, die Österreicher, sprechen immerhin das weichste Deutsch. Wurden Weltmacht unter Habsburg, und wir blieben's in Musik, was in unsrer Sprache mitklingt, oder besser klang. Heute klingt es eher stadträndlich und biedermännisch.

Also, wir wollten an diesem Tage hinauf zum »Hameau«, das heißt »Weiher«. Ich hab nix gesehen von einem Weiher. Vielleicht war

im Umkreis eine alte »Lacken«, ein verlehmter kleiner See. Sonst war das Hameau ein Wirtshaus, offenbar für junge Leute. Für die Älteren waren die Stühle, die mit abgeseßner Farbe dort rumstanden, viel zu holzig und zu hart. Kaffee schlecht, man war ja im Gebirge, wenn auch nur ein Bergerl dasteht. Auf dem Weg, herauf, herunter, das weiß ich nicht mehr genau, trafen die drei jungen Männer auf drei Damen.

Drei und drei gesellt sich gern.

Man blieb stehen. Es war so eine Mulde, oben magre Bäume, der Weg selber ausgewaschen. Um mein Mannstum zu erhöhen, hatte ich ein Stöckchen, unvermeidlich, meine grüne Mütze, wie die beiden anderen, und mein Blick fiel ganz verschwommen, wie ein Maler Bilder sieht (klar sieht man ja nie Essenzen), unbeteiligt auf die Frauen.

Eine, glaube ich, war blond. Und die zweite dunkel, rundlich und die dritte klein. Und im Gegensatz zu meinem konservativ fränkischen, grün-blond-kindlich-arroganten Exterieur war sie im Dreß roter Falken. Hatte eine blaue Bluse und ein rotes Halstuch, ein Barett am Wuschelkopf.

Solche Dinge waren für uns aus dem kleinen Klosterneuburg neu. Vater unterhielt sich mit dem Apotheker Zalik auf dem Stadtplatz, wie man eben als Jurist mit dem Pharmazeuten redet.

Christen, Juden waren dasselbe. Beide stockkonservativ. Akademiker, staatserhaltend zu drei Viertel, ein Viertel dem Fortschritt dienend (Wissenschaft nennt man ja Fortschritt), wenn auch der Begriff von Fortschritt allen Menschen, die ich kannte, Doktor oder gar Magister, nebulos und unbekannt war und ist!

Dieser Wuschelkopf vom Hameau war eine Jüdin. Heut würd man sagen: wenn schon. Damals auch, aber dazwischen war es anders. Erna war so, wie sie war. Aber nicht wie Zalik, Vaters Apotheker. Der war ein recht reicher Mann, alt, lieb, freundlich. Sie war anders. Oder sie dacht, sie wär es. Jedenfalls war sie nicht aus unsrer bürgerlichen Kleinstadt mit dem tausendjährigen Kloster. Sie kam von links der Donau. Floridsdorfer Trafikantin. Nein, Pardon, damals noch nicht. Das war sie erst, als sie heimkam vom KZ. Trafikant war damals noch ihr Vater Milan. Und der hüpfte gutmütig auf zwei Krücken, einem Beine, sehr zum Lachen aufgelegt, war ein richtig guter Kerl. Wenn auch Frau und Tochter stöhnten, daß er launisch war. Ja nun, Schwerkriegsinvalid. Und dann an Familien kratzen bringt kaum jemals Wahrheit ein. Heiraten ist gehenlassen. Man büßt seine Sünden ab – aneinander. Dafür ist die Ehe da – unter anderem. Ich sah ihn aus andren Sichten. Nein, er war ein lieber Kerl.

Lebte schlecht und recht – nein gut und recht. Rauchen tun die Leut ja immer. Ich mein, er kam ganz passabel mit dem einen Beine aus. Ich sollt ihn bald kennenlernen.

An dem Tage, dem Beginne einer unsterblichen Freundschaft, gingen wir sechs – ja, wohin? Wahrscheinlich nach Nußdorf runter, Heiligenstadt, wo eine Altstadt dieser Vorstadt (Wien ist ja sehr groß geblieben als vormalige Residenzstadt eines Weltreichs), nun, wo eine Altstadt noch träumt von verfloßner Schönheit. Wirklich, wenn es auf den Stil ankommt (und der zeigt ja, wie Musik oder Trachten, jeweils viel von unserer Seele), war's dort schöner als beim Marxhof, der im selben Stadtteil liegt, und – man muß die Wahrheit sagen – aus dem Massenübel eines Massenbaues etwas Anmutiges machte.

Aber in der Altstadt Heiligenstadts liegt nicht nur Schuberts und Beethovens heiliger Boden, sondern auch Poesie und Zauber in den Gärten und den Winkeln, die Melancholie des »Toten« aufhebend zu Nostalgien.

Auferstehung, »draust in Nußdorf«, fränkische Sitte, schönste Lieder, die die Erde je erlebt hat, aus dem Auren-Mund der Alten, aus dem Geigenholz der Lanner, aus verlegnem, holdem Knickserl strengst erzogner süßer Mädchen. In der Lichtenhaler Kirchen brausten unsterbliche Messen.

Nach dem ersten jungen, neugierig-blasiert tuenden »Wo geht's ihr hin?« »Aufs Hameau.« »Ach, da wor ma schon.« »Ah so.« »Wir gehen zum Krapfenwaldl.« »Wollt's ihr baden, jetzt im Winter?«

Kurz und gut, ich bin fast sicher, Österreicher, Flirtende neigen, ehe sie sich finden, überhaupt und sowieso zu höflichen Kompromissen, landeten wir drunt in Nußdorf. Ernstl, Rudi, rank und stämmig, blond und dunkel, liebe Kerle (waren zusammen bei der Dirne, wissen Sie noch?), soffen, tanzten, kicherten und lachten, hielten unsere Schultern, Hände.

Ersteren zerriß eine Mine, und der andre blieb auch in Rußland, zermalmt unter einer Panzerkette, acht, neun Jahre später.

Und ich seh sie jetzt vor mir, runtersteigen in der Mulde mit der Blonden und der Runden.

Erna und ich sahen uns an, sahen in den warmen Winter. Lachte sie über den Aufzug? Über meine Kindlichkeit und die Kappe? Größere Gegensätze als uns gab es nicht. Wir gingen ganz automatisch nebeneinander. Sie machte Bemerkungen über mein altväterisches Stöckchen mit dem Knauf aus Elfenbein, und ich lachte über ihren Gürtel, denn sie beinah militärisch um den Bauch trug. Ich glaube, wir redeten nicht viel. Sie meinte doch gar nicht dieses schlanke, angemaßte Herrensymbölchen, auf das sich ein Minderjähriger stützte, sondern sie meinte den Feind.

Feind? Dieses strahlende Bürschchen? Doch! Die so aussahen

Paulchen Kemp während des Krieges.
Er war schuld, sagt meine Geste.

15 Mit Paul Kemp in »Glück unterwegs«, 1943 ▷

und die solche Hüte trugen, würden sie vernichten. Wer von uns fühlt denn nicht augenblicksweise wenigstens die Zukunft in den hellen Blitzen, die so grell sind und nie reden, nur aufwecken und verwirren. Die, die solche Hüte trugen und so aussahen! Und die sie vom Anfang an liebte.

Ihre Dome, Symphonien, ihre Haut und ihre Haare. Und da ging nun wieder einer derer neben ihr, schmal noch, paßte noch nicht recht in die Schale und war doch mit dem halboffenen Mund, der ihm über Kinderhemmung weghalf und ihm Macht gab über andre, fast erregend.

Sie war schon vier Jahre älter als er – wie sie später hörte und jetzt spürte. Hatte sich in Ingolstadt schon versucht auf der Bühne, aber sie war keine Bergner und schon gar nicht eine Grete Gustafson, die Garbo, die sie liebte, ach, wie liebte.

Ihre Ausflüge zur Kunst hatten sie doch immer wieder zu so Burschen hingetrieben wie zu mir. Mein Gott, dieser Dirigent in dem kleinen deutschen Städtchen. Er hatte zwar kurze Beine, aber wie die blauen Augen blitzten, wenn er den Taktstock zerbrach, dieser Narr, wenn eine aus der Reihe tanzte. Oder dieser sanfte, helle Willy, der sich gar mit ihr verloben wollte und es doch nicht tat. Sie liebte diese Bande. Sie war ihr verfallen.

Und da ging nun wieder einer derer mit ihr über den windigen Schmelz der Weinlandschaft dieser Stadt, die es doch gar nicht mehr gab. Wien ...

Was nützte die Internationale, die erzwingen wollte, was nur der Noblesse gelang, Deutsche, Tschechen, Juden, Madjaren zu vereinen, die Kroaten und die Italiener zu dem machte, was sie waren, wenigstens zu Europäern und dann, eines Tages, wer weiß, vielleicht gar zu Helfern ausgebeuteter Vierbeiner.

Tiere, oh, die liebte sie vor allem. Daß sie auferstehen könnten, alle, eines Augenblicks schweben, das wußte sie nicht, nein, das war ihr nicht gegeben. Sie kannte nur, was sie sah. Menschen waren in Wirklichkeit schrecklich. Nein, nicht die Genossen, diese Floridsdorfer Schwerarbeiter, mächtige Hände, väterlich, unpathetisch wacker, doch die glaubten, nach dem Kaiser gäb es nie mehr Krieg.

Wo kam die Naivität her?

Nach dem Kaiser! Karl Habsburg, dieser schwache, noble Mann, voll des allerbesten Willens, der sich mit viel Alkohol betäubte, weil er wußte, was da kam, der verzweifelt Frieden stiften wollte, gut, intelligent wie der geistreiche Sohn, der Otto.

Diesem Kaiser blieb doch nichts als die blauen Kinderaugen und die Bourbon-Parma-Zita, schmal und tapfer wie er selber! Man sieht diese beiden jungen Leute, wie sie mit dem wackeligen Flugzeug, Exilanten aus der Schweiz, ganz allein in Ungarn landen, Könige aus Pflichtgefühl, zurück zu geschwornen, unerfüllbaren Pflichten. Nicht für sich, das war vorbei. Für die Contenance der Menschheit.

Vornehm, liebenswürdig, kraftlos, machtlos gegen eine Phalanx kirchturmsichtiger Egoisten, Partikularisten, wo man hinsah, klein-kariert trotz aller Phrasen, dieser Aufstand kleiner Leute.

Und aus ihnen, ihrer Mitte, aus der Mitte kleiner Leute, auf die man gehofft hat, kamen grausige Giganten aus den Fegefeuergluten – einer Unterwelt entwichen. Schusterenkel einer und der andre Arbeitsloser, umklammern sie unsre Erde, lachen über alle, die die Grausamkeit nicht lieben wie sie, treten alle Veilchen nieder. Erna hörte das Gelächter alles Bösen.

Sie wollte sich hilflos wehren gegen die Gewalten, die doch gar nicht irdisch waren. Und der da mit seiner Mütze? neben ihr. Vielleicht war er ganz was andres?

Es ist schwierig mit dem Buch. Es schildert mit Leidenschaft, was darunter liegt und lag, was man vielleicht spüren könnte, wenn man spüren kann – und was man doch nicht sieht. Erst viel später, mit Distanz, alt oder erst im nächsten Leben. Dann wieder in Fleisch und Blut.

Nein, gesehen haben wir beide das, was hier steht, damals nicht. Ich war in politischen Dingen ahnungslos, und sie war noch nicht zwanzig. Ein großer Teil der Welt war noch frei – was man so frei nennt –, leistete sich »Permission«, erlaubte die Strömungen aller kleinen Wasserläufe und sah nicht, daß viele Kleine manchmal Mächtiges ergeben, daß daraus Springfluten werden – und es auch geworden sind.

Gestern war's so, und so ist es auch heute.

Das Experiment des Laufenlassens, Nichterziehens, war im

Schwange. Denn die Eltern mit den blutigen Nasen aus dem Weltkrieg schämten sich, daß sie ihre heile, schöne Schöpfung hatten untergehen lassen, und sie wagten mit dem bißchen, das sie selbst erkannten, nicht ihren Kindern alles das Gute, das noch da war – Notre Dame, Sevillas Kirchen, Köln, Wien, Rom, die göttlichen Trümmer der Akropolis, Impromptus von Franzl Schubert, den weinenden Jubel Mozarts – mit viel Liebe und mit der Strenge, die der Eros in uns möchte, zu vermitteln.

Junge aber, wie ich mich selber grad geschildert habe, halten die verlegne Güte ihrer Alten für Verblödung. Und verlassen von den

guten Geistern rennen sie zu böseren Gesellen. Zu den Rattenfängern – Teufel nennt sie unsre gute alte Bibel nicht zu Unrecht. Und die bieten Reiche an, von den Felsen und den Zinnen, dröhnen, schleichen, locken lieblich manchmal, preisen die Untat als Verbrüderung, Frieden, Freiheit, Menschenwürde. Und sie locken in die Fallen, wenn das »Weiche Satanas« nicht in einem fest verankert. So ein Sturm hub damals an.

Ich hätte das beinahe erlebt – schon vor fünfzig Jahren. Da hieß es die große Heimat – und geriet in Massenmord. Meine Erna rettete mich vor dem Suff und vor jeglicher Versuchung der verschiednen Wüsteneien, die durch das Jahrhundert ziehen. Jedes Jahr noch ein paar Meter frißt die geistige Sahara sich in ungeschützte Seelen.

Und das Schreckliche: Die Jungen wissen gar nicht, was mit ihnen vorgeht und was mit ihnen da geschieht:

O wie ist das möglich??

Leibniz, Freud und Jung bezeichnen unsere eigne »Unterwelt«, dieses große Unbewußte, aus der unsre Träume wachsen, mit der Ziffer 93: Nur sieben Prozent sind wach, und das andre liegt in uns wie in einem eignen Meere, aus dem nur die »Eisbergspitze« unsres Wachbewußtseins auftaucht. Das heißt doch mit andren Worten, man weiß von sich nicht einmal ein Zehntel, trottelt in der Finsternis, bis man sich und sonstwas findet.

Wir sind, ganz in Wahrheit, Träumer, mindestens auf Lebenszeit, auf Instinkte angewiesen und oft willenlos und willig den Dämonen ausgeliefert, an denen unsere Zeit so reich ist.

Wissen Sie, wer Anselm Feuerbach war?
Hochberühmter deutscher Maler.
Attila Hörbiger daneben – auch runde fünfzig Jahre her.

◁ 16 *Mit Attila Hörbiger in dem Nachkriegsfilm »Das unsterbliche Antlitz«, 1947*

Erna und ich hatten eine innere Stimme, die uns führte, leitete. Wer sie nicht stört, dem geht's so. Wenige nur wissen das. Die es wissen, warten auf sich, sind bescheiden. Lernen manchmal, still zu sein.

Die Einfälle kommen leise aus den unsichtbaren Zonen. Ärgerlich für Realisten. Aber 's ist so. Gäb es dieses Unsichtbare nicht, säß man da wie Piksieben.

Moment, wir sind immer noch bei dem warmen Wintertag, dem 30. Jänner vor mehr als fünfzig Jahren. Ich könnt's nicht beschwören, aber sicher gingen wir ins Kaffeehaus gegenüber – Bahnhof Nußdorf.

Wir waren oft dort, denn es lag schon hinter Kahlenbergerdorf. Man war da noch in Dörfern, aber mitten in der Großstadt. Klosterneuburg war viel größer als die Vorstädte von Wien, aber Gott, die Einbildung hat schon einmal einen gnädigen Herren verspeist. Wien bleibt Wien. Man tauchte unter, tanzte mit blondierten Müden, die der G'spritzte gar nicht freute, den wir tranken. Und sie sollten animieren.

Na, wir Lausbuben machten ihnen wenigstens nicht große Umständ. So mußten sie sich nicht plagen, kamen ruhig, unechauffiert heim zum unehelichen Fratzen, konnten brav ihr Fußbad nehmen.

G'mütlich.

Alldort, im besagten Kleincafé in dem alten Nußdorf, wo schon Bismarck seinen König warnte, nicht zu weit zu gehen, tanzten wir zum erstenmal nicht mit blonden Automaten. Wir hatten Genossinnen, jung, anständig. Hoffentlich Bett-Genossinnen. In spe.

Um Anständige zu gewinnen, muß man warten, heute noch, wenn sie Charme und Weiberlist sich bewahrten, ein, zwei Nächte mindestens, sich allein im Bette wälzen, Phantasie und Plan entwickeln, Pläne reifen, steigen lassen. Sagt sie dann noch nein, so fangen Männer an zu schmeicheln und zu ringen, nennen Allzukeusche insgeheim dumme Gänse, und die einen fallen dann, was sie sowieso doch wollten oder fallen auf die Nase.

Denn es gibt ja ihresgleichen drei Milliarden, nicht nur eine, wie sie's träumte. Da ist Fingerspitzenstrategie sehr am Platze. Jeweils bei den Seegefechten und nicht nur bei Skagerrak.

Vom Franz-Joseph-Bahnhof also – da waren nicht nur links die armen Huren, wie Sie hörten, nein – da waren prächtige Räume, ursprünglich die Wartesäle Seiner Majestät des Kaisers, und als dieser Superglanz wich, ein gemütliches, sehr schönes Café, wo mich Mutter, als ich älter wurde, zu Butterkipferln, Würschteln einlud oder »Augschburger mit G'rösten«.

Auch an Ruß gab's weniger an den Wänden, da auch Österreich moderner wurde und die Züge nicht mehr pfiffen, stanken, pfauchten, sondern elegant, elektrisch wie die Schlittschuhläufer in ihre Stationen glitten.

WIEN UND RILKE

Dann begann ein lustiges Leben. Schließlich war ich doch bald
sechzehn. Das kann schon ein Ehemann, als der ich mich schließlich fühlte und benahm, von sich verlangen.

Ich war in der sechsten Klasse. Alle andren Buben kriegten langsam wissende Gesichter, nahmen von der Kindheit Abschied, man
ließ sie ins Kino rein.

Kurz vorher hatte auch wieder Mutters Wandertrieb begonnen.
Wir zogen in die richtige Großstadt. Wien. Herrliche Wohnung.
Aufzug. Kino war im selben Haus. Grundlgasse. Grundlkino. Eine
riesige Straße bimmelte und wimmelte unten drunten wie ein
Strom. Man war noch erwachsener im Gestank hier, ohne Grünes.

Ein entzückendes jüdisches Mädchen vis-à-vis machte der Erna
so ein bißchen Konkurrenz. Aber eine recht entfernte. Als ich sie
von nahe sah, nicht nur durch das weite Fenster, hatte sie noch viele Wimmerln (Pickel). Na ja.

Alsergrund hieß der Bezirk. Schubert war von hier und seine
unzüchtigen Schwestern. Und Egon Friedell und Sigmund Freud.
Die berühmte Berggasse hatte ihn beherbergt.

Die Rossauerlände zog sich an dem grünen Donausprößling
(Donaukanal) entlang mit den vielen Brücken, vor denen die klei-

Curdchen Jürgens. Gott, da warten ja Romane ...!

17 Mit Curd Jürgens in »Verlorenes Rennen«, 1948 ▷

neren Städte blaß geworden wären. Dort, wo unser »Hieb« (Bezirk) aufging in das eigentliche Wien-Innenstadt, mit weltberühmten Stätten, diesem wirklich ganz uniquen »Steffl« (Stephansdom), dem Heidentor aus Ur-Urzeiten ohne christliche Embleme, Hinduphantasien fast, Tiere, die des Menschen Schicksal, krochen aus den Nischen und der herrlichsten Gewalt, die das Christentum mit sich riß, den Turm aller Türme, kurz, wo wir die 9-Bezirkler dieses magische Herz Wiens berührten (magisch wie die andren Zentren des Habsburger Reiches, Prag vor allem, Budapest, Salzburg oder Innsbruck), lag die berühmte, backsteinrote Kasern in der Rossau.

Darin war, für ein paar Wochen, einer der paar echten Dichter dieser Welt, der Rainer Maria Rilke, in der k. k. Uniform, Hoch- und Deutschmeister, im Jahre 1914.

Stand in Reih und Glied. Der »Födwöbe« (Feldwebel), weitres Symbol Alt-Wiens, Zwillingsbruder des Fiakers, des berühmten »harben« (herben) Kutschers. Miniseele eines Weltreichs, wie der Sergeant of Old-England, schritt mit aufgewichstem Schnurrbart, grob und gut und ohne Seele, die Front ab und fragte nach den Namen der Rekruten.

»Wia haßen S'?« (»Wie heißen Sie«, heißt das, und es ist als Dialekt-Wort, als uraltes, so erregend, daß Sie mir erlauben, nachher noch ein bißchen etwas aus der großen Seele Rilkes zu erahnen. Was er gefühlt hat oder gefühlt haben könnte.)

Ich war, als sich dieses da abspielte, noch gar nicht geboren, aber man ist immer da, wo man nachempfinden kann.

»Wia haßen S'?« Es war eine Kompanie von Künstlern und Wissenschaftlern angetreten.

»Beßre Leute«, Schriftsteller, Advokaten oder Ärzte, passen sich bekanntlich an. Soll ich sagen, sie seien feige? Ganz falsch wär's nicht. Sie verbergen ihre Schwäche, sagen wir's so. Das Kerlhafte, das ein Orang an sich hat und das weiter hoch im Kurs steht, wollen sie ausgeglichen durch ein bißchen Demut, durch Anbiedern, liebes Grinsen. In der Regel aber werden sie dann keine Menschenaffen selber, Äffchen höchstens, die possierlich Messer, Gabel wegwerfen, wieder mit den Händchen fressen, Aufrufe gegen sich entwerfen, Lehrer, die sich brav benehmen, den Rückschritt organisieren.

Hat Rousseau sich's so gedacht? Zurück zur Natur?

Ah nein. Die Natur ist groß. Sie ist das bisher Erreichte aller.

Doch ein Geist hat sie erschaffen. Nichts ist ohne ihn gewachsen. Liebe und Natur allein lassen einen Geist genesen.

Angst als Fortschritt ist kein Weg.

* * *

Nun also: Kultur stand stramm vor dem Feldwebel. Das »Wia haßen S'« ging an Müller, Mayer, Edthofer und an den Gruber. Alle hießen Anton, Franz oder Gustav. Ist in Ordnung. Jeder »haßt« so. Das wird gern ins Kompaniebuch aufgeschrieben.

Schließlich Rilke. Er stand sehr geduldig. Seine müden, wasserblauen Augen träumten in die roten Mauern des Rossauer Ziegelbaues.

Rote Steine mischten sich mit dem dicken, jungen Blut, das vergossen werden sollte. Zum Meer werdend, sickert es in die dunkle, ahnungslos rotierende Erde, und was daraus wuchs, waren schaudervolle Nachtgespenster der modernen Malerlyrik, Bäume, die kahl beteten.

»Wia Sie haßen«, schrie der Mann, der auch ganz rot im Gesicht war. Vor Zorn und Empörung über diesen Träumer, dem man d' Wadeln viere richten werde (dem man seine Waden vorwärts richten würde), und vom Gulasch und vom Bier, das er grad genossen hatte.

Rilke stand ganz ruhig und sagte, noch dazu in hochdeutsch, was an sich halbkriminell war (Burgtheater ausgenommen, denn das war ja K. u. K. Seiner Majestät Hof-Burg-Schau-Bühne).

Rilke sagte: Rainer Maria Rilke.

Unserm Volksheld Feldwebel fiel der Mund auf. Das passierte selten. Gewöhnlich war er schon aus Lust und Laune offen. Er schaute den mageren Burschen sprachlos an: »So, Maria«, kam's aus ihm, »Wie soll ich Ihna nenna? Mitzi?« Ich glaub, Rilke lächelte kindlich. Große lieben ihre Völker.

»Grins net, Mitzi«, dürfte der Rotbackige noch gesagt haben,

und das brüderliche oder väterliche Lächeln unsres Dichters »Ölbaumgarten«, »Buddha« schwand unter dem blonden Schnurrbart.

Während: »Links um, 'rsch!« ertönte, ließ ihm, glaub ich, dieses: »Wia haßen S'« keine Ruhe.

Er war Österreicher, Offizierssohn. Militär-Kadettenschulen in Weißkirch und in St. Pölten hatten diesem Mädchenhaften genug breites Idiom in die Gene sickern lassen. Es war ihm nicht neu, daß »haßen« »heißen« hieß. Und doch ging ihm zum erstenmal, als er übend im Kreis trabte, »ans, zwa, drei, vier, drei, vier, drei vier«, der schreckliche Gleichklang hassen, heißen – haßen, heißen im Kopf rum.

Als er auf der Pritsche lag, oben in der Nacht, unter, neben ihm die Männer schnarchten, todmüde und ohne Traum, sagte es ihm, dieser uralte Dialekt hatte recht.

»Wie haßen Sie?« sagte dieses amüsante Rotgesicht. Wie ich hasse? Eben gar nicht. Man muß wieder schweigen lernen.

Es war vier Uhr früh, er ging in der langen Unterwäsche, die sie tragen mußten, zu dem offnen Fenster. Es ging auf die großen Bäume der Chaussee oder Allee der Rossauerlände, dieser genialen Stadt da. Sie schlief sich wieder einmal in den Anfang eines Endes. Und dann bliesen sie Reveille. Weckruf von dem großen Haydn.

Schönheit auch in diesen Stunden?

Er lief runter in den Hof. Heißen war ja auch Gebot. Jemand etwas heißen, hieß doch auch, ihm was befehlen. Und der große Rilke wehrte sich nicht, konnte sich ja gar nicht wehren. Doch es kam ein Engel. Auf der Hofburg. Da saß wie im Märchen die Prin-

◁ 18 *Zwei Shakespeare-Rollen: Als Octavianus in »Julius Cäsar« am Burgtheater Wien, 1949, ...*

zessin. Junges Ding, Erzherzogin. Sie verschlang ein jedes Wort dieses Untertanen. Jeden Vers, nein, nichts entging ihr.

Als der Backfisch mit dem Krönlein davon hörte, daß ihr Gott, ihr ein und alles, diente, totgeschossen werden könnte, rannte sie zum Manitu, dem Urgroßpapa am Throne, und sie, die vor Rilke kniete in Gedanken, kniete vor dem alten Herrn, der sie sehr verwundert ansah. Rilke kannte er wahrscheinlich kaum.

Dieser Seigneur war zu alt, um einen jungen Rekruten, der zufällig dichtete, näher oder überhaupt zu kennen. Er wußte vom Lehár, daß der beim Manöver X in Bosnien-Herzegowina als kaiserlichköniglicher Regiments-Kapellmeister »z'spät« gekommen war: Von den Welterfolgen dieses Herren wußte er wenig. Wenn schon, dann Strauß, doch die Jungen?

»Wein nicht, Kind«, wird er gesagt haben, »man weint nicht in der Familie, der du angehörst. Steh auf.« Und sie schneuzte sich so nobel, als sie's in dem Jammer konnte, und erzählte noch einmal, was sie vorher grad verheulte. »Ja, wie stellst du dir das vor? Ich dien, und die andern dienen. Keiner wird da ausgenommen.«

Denn er hatte andre Sorgen in diesen Tagen, er, dem Unglück doch zeitlebens seine Würde, alle Haltung aufgezwungen. Und als »Ihre Kaiserliche Hoheit«, diese Urgroßnichte-Tochter oder was sie war, wieder anfing mit dem Weinen, sich wieder auf ihre Knie warf, mag er wohl gesagt haben: »Aber in Österreich darf er net bleiben. Meinetwegen drüben in Bayern«, und rief einen Adjutanten, obersten Graf Adelsburg, und ließ ihn den Akt aufschreiben.

Und das Mädchen küßte ihn überdankbar. Es machte die Greisenhände tränennaß. Das war ihm peinlich. »Is' schon gut.«

19 ... *und als Herzog Orsino in »Was ihr wollt«, Burgtheater* ▷
und Salzburger Festspiele, 1949/50

Rührung brauchte er in diesen Tagen gar nicht. Er war alt und gut und Sklave seiner Ehre.

Rilke aber landete in dem bayerischen Dorf mit dem Namen Irschenhausen. Dicht daneben hatte ich mein Katzenschlößl, das mein erstes eigenes Wohnhaus wurde.

Das war vierzig Jahre später. Und so weit sind wir noch nicht in der Story.

Kleiner Anhang zu dem, was ich Rilke grade angedichtet.

Ich glaub, er wird mir verzeihen, irgendwo dort, wo er jetzt ist, von wo man den Lebenden etwas in den Mund legt, was sie dann plötzlich aussprechen.

Ich war in der gleichen Lage, in der gleichen Stadt wie er. Als ich die Geschichte hörte von dem Feldwebel und darauf von der Kindprinzessin, der Dea ex machina, fühlte ich, was er gefühlt hat oder gefühlt haben könnte.

Ohne es zu wissen, sucht man stets Verbündete. Rilke wußte um die Sprache. Wenn man so schreibt wie er, muß man's. Muß man's wissen, daß sich alles um das Wort dreht. Daß aus Leere durch die Sprache Welten werden.

ERSTE BEGEGNUNG MIT DEM THEATER

Ich war, glaub ich, zwei-, dreimal im Theater während meiner Kindheit. Ich, der wußte, daß ich einmal ein Darsteller werden würde. Selbst die Lehrer im Gymnasium sprachen davon, nahmen Rücksicht bei den Prüfungen. Ich würde sie ohnehin nicht sehr brauchen, ihre Logarithmentafeln, die ich gar nicht lesen konnte oder wollte. Ich schrieb irgend etwas hin, manchmal recht verkrampft, verzweifelt und gequält, und – es stimmte. Alles war Instinkt – bis heute.

Mutter nahm mich zweimal mit ins Theater. Hatte keinen Babysitter, na ja, so klein war ich wieder auch nicht, aber sehr klein damals noch, so klein, daß sie mich nun eben nicht zu Haus lassen konnte.

Volkstheater. Freikarten vom Vater. Sonst wär sie nicht hingegangen.

Wären alle so gewesen, hätte ich verhungern müssen, als ich später oben stand auf den Bühnen.

Ältre werden sich erinnern an den Namen Alexander Moissi. Ein albanischer Zigeuner, ein Genie. Ich stell ihn vor. Da wir nun einmal eine Unkulturgeschichte schreiben, muß ich die Kultur erwähnen.

Er muß wirklich ein Besonderer gewesen sein. Ich kenn eine Tochter von ihm und eine recht reife Dame, die ihm Bettgenossin war – mit fünfzehn. Heute noch gibt's keinen für sie außer diesem. Er starb jung und lebte irre, wüst – grade auf dem Gebiet, weiter weiß ich nichts von ihm. Ja, daß er freiwillig nationaler Fliegerleutnant in Berlin war 1914 und nachher ein Kommunist. Nun, die Zeiten lagen im Fieber. Und er auch sein ganzes Leben.

Ich traf ihn, als ich vielleicht vier war. Saß in irgendeiner Reihe, völlig somnambul wie immer, aber mit vier Jahren darf man. Man gab »Dinner at eight« (»Dinner um acht«), irgend so ein US-Reißer. Wahrscheinlich hab ich geschlafen oder, daß die Sache Fischerisch und wahrer bleibe, träumte ich in die goldroten Samttapeten an den Wänden.

Dann trat ein recht ungekämmter Kerl im Frack-Mantel auf, den Zylinder im Genicke und sang mehr, als er es sprach, allein in den Spiegel schauend, der unpassend (Stehspiegel) beinah in der Mitte des Hotelzimmers (der Bühne) klapprig dastand:

»Bin ich nicht Larry Reneau?«

Ich weiß nicht, was er noch sagte, sicher war es eine ganze Menge. Doch ich dachte, das bin ich, dieser alte Kerl. Psychologen unter Ihnen mögen, falls sie Phantasie haben, den Zusammenhang entnehmen. Ihn freudianisch ganz aufzublättern würde selbst dem alten Sigmund schwergefallen sein, und ich bräuchte viele Seiten, um das psychoanalytisch zu erklären, was Gefühl blitzartig gleich kann.

* * *

Und ein zweites Mal erlebte ich als Winzikus den großen Meister in dem Haus, in dem ich neunzehn Jahre später ebenfalls ein Bühnenstar werden sollte.

»Räuber«, Schillers Monsterdrama und sein bestes außer viel-

Als edler steirischer Habsburger Jüngling mit Marte Harell.
Das waren Zeiten!
Ein ganz herrschaftliches Paar.

20 *Mit Marte Harell in »Erzherzog Johanns große Liebe«, 1950* ▷

leicht »Wallenstein«. Aufgang und der Niedergang leuchteten in diesem Manne ja am höchsten. Es gibt in den Schillerischen Räubern einen Franz und einen Karl. Moissi spielte Franz, »die Kanaille«. Heute wäre Franz ein Opfer seiner Umwelt oder ein andres Vorbild. Damals nannte ihn der Dichter – der selber Revolutionär war,

Mitglied, nein gar Ehrenmitglied der französischen Jakobiner –
noch Kanaille.

Die Kanaille Franz (grandios erlebt von Moissi) bringt sich um,
erdrosselt sich. Nach einem apokalyptischen Traum der Wahrheit,
schreit, nein kreischt er:

»Räume kommen von Gooott...!«

und stirbt.

Mutter hielt mir, tief erschrocken, ihre Bauernhände vor die
Augen, und ich dachte wie im Trog oder später als Studentchen,
halbertrunken in der Donau:

Da hat einer was geschrieben,
was ihm lang,
vom Anfang an,
nachgelaufen ist,
und ein anderer erlebt es.
Was man lebt,
ist ja nicht wirklich.

Sicher war's nicht in der Weise formuliert. Aber so was lachte in mir.

Zwölf, dreizehn Jahre später. Schiller, Moissi, Walzerklänge,
Polenkönig Sobieski, der mit Starhemberg Europa rettete, haben
wir bestenfalls belächelt. Nicht einmal! Es war uns Wurscht!
Wir waren Blüte der Nation. Ich hab mir die Schätze Wiens
später angesehen und hab Unvergängliches in ihnen und uns
gefunden und hab mich gefragt: Haben die, die das gesammelt
haben, die Wunder selbst begriffen, diese Runzeln, die sich
Rembrandt um die Augen, in die Wangen, sich selbst porträtie-
rend, malte, waren doch Risse, in die eine Gottheit stürzte,
Flüsse, auf denen die Schwere der Erfahrung heimzog, in die
Himmel, in die Luft, die nach uns kommt.

Rembrandt, der Frau Saskia eingrub, als sei sie die Mutter seiner Künste, als sei sie die Erde selber, die die Tränen neu befruchten.

Ich glaub, diese alten Kaiser, Potentaten, kauften all diese Herrlichkeiten, um die Nachbarn, Preußen, Frankreich, Lobkowitz und Khevenhüller aufzuganserln und zu giften, wie die Damen mit den Pelzen Nachbarinnen ärgern und die Mädchen von den Knaben sagen, meiner ist der Schönere, der Berühmtre, Größere.

Sie erinnern sich an »Rilke und Wien«, das Kapitel von Hassen und Heißen. Da fehlte doch dieses Beispiel: Ich hab, du has(s)t, denn du hast es nicht. Und du hättst ihn auch so gerne, diesen Rubens, diesen Zobel, diesen blonden Buben da. Eifersucht ist nah dem Hassen.

Und doch kommt manchmal (und das ist ein Wunder dieses Lebens) aus dem Miesen, Miserablen dann und wann etwas sehr Großes, wie aus Dreck die Rosen blühen und aus Blutschleim Menschen wachsen.

Hätten Habsburgs die Bourbons nicht geärgert mit dem Schönen, das sie hatten (und die andren nicht), hing es heute nicht im Prado und im Kunsthistorischen oder umgekehrt im Louvre.

Konkurrenz aus primitiver Eifersucht sammelt manchmal edle Werte. Haß ist Kontrapunkt der Liebe.

Kontrapunkt in der Musik: Reiz der großen Melodien.

Mochten die Giganten hängen, wo sie wollten, wir gingen nur ins Kaffeehaus. Was aus Torheit und aus Klugheit später wächst, ist Überraschung.

Gibt es Engel?

Ich hatte, ich sagte es schon, einen guten Engel. Guter Engel? Was ist das? Ws ist überhaupt ein Engel?

Gehen wir wieder so ein bißchen auf die Forschungsreise? Ah, Kulturgeschichte!

Ganz kurz? Gut? Probieren wir's.

Eines möchte ich noch sagen. Ich empfehle mich nicht als Vorbild hinsichtlich des Nie-was-Lernens und des Schulgeschwänzes. Manche wissen was von früher (a priori nennt das Kant), manche müssen es hier lernen. Irgendwann muß jeder säen, daß was aufgeht.

Also lernen Sie aus Vorsicht. Vielleicht geht es dann von selber. Hätt ich nicht vieles erträumt, hätt es bös ausgehen können. Nur beim Träumen gibt es keinen Garantieschein. Lernen Sie auf alle Fälle.

Und noch eines möchte ich sagen:

Am Schluß, nach dem Sturm und Drang, weniger pathetisch ausgedrückt: nach den Flegeljahren, ist im großen und im ganzen noch was ganz Passables schließlich rausgekommen:

Ich bin heut konservativ in revolutionärstem Sinne:

> Ich erhalt und wälze um,
> was jemals erworben wurde.
> Ich betracht's von allen Seiten,
> wissend, daß wir alle eins sind
> und die Eins
> sich zeigt und darstellt
> in unendlich vielen Formen.

BILDER ZUR KARRIERE
UND ZUM LEBEN

22 Mit Winnie Markus in »Tausend rote Rosen blüh'n«, 1952

Warum ging ich weg von dort?
Burgtheater!
Hohe Schule!
Gerhart Hauptmanns Engelmann: geisteskranker Kriegsteilnehmer.
Ich war wirklich ein Ereignis.

23 Mit Eva Zilcher in der Titelrolle des Dramas «Herbert Engelmann» von Gerhart Hauptmann und Carl Zuckmayer, Akademietheater, Wien 1952

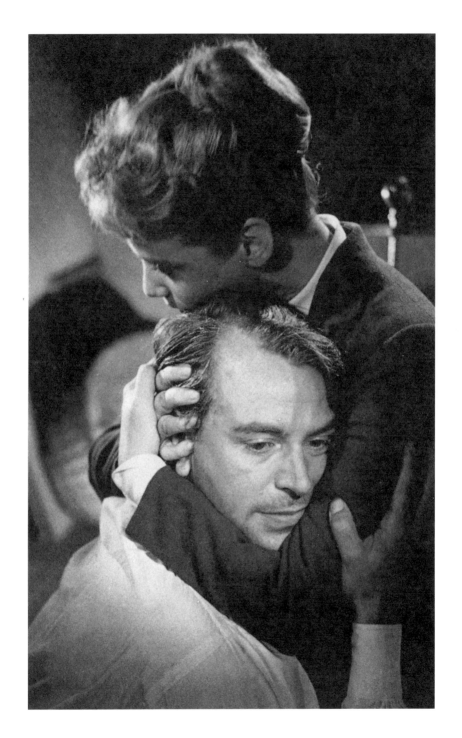

◁◁ 24/25 Zwei Szenen mit
Maria Schell in »Bis wir uns
wiederseh'n«, 1952

Sie zog den Gestrandeten,
den Verfolgten an den zarten jungen Busen (vorhergehende Seite), denn die
See ging damals hoch, wie
Sie hier sehen.

Wieder einmal
»träumte der Mund«:
Maria zwischen Frits van
Dongen und mir.

26 Remake »Der träumende
Mund«, 1952, mit
Maria Schell und Frits
van Dongen

29 Mit Ruth Leuwerik auf der Fahrt zur Bambi-Feier 1953 ...

◁ Vorhergehende Seiten:

27/28 »Ein Herz spielt falsch«, 1953: Bei Dreharbeiten in Dalmatien und eine Szene mit Ruth Leuwerik

30 ... und während des Festakts, bei dem auch Regisseur Harald Braun ausgezeichnet wurde

◁ 31 »Solange Du da bist«, 1953: Als Filmregisseur Frank Tornau...

Schläft die Schell? Nein, sie wacht auf, denn er konnte suggerieren.

32 ... sowie Szenen mit Maria Schell...

Biggi Horney war nicht nur apart, schön, nein, es war auch viel dahinter: Können und sehr viel Humor.

33 ... und Brigitte Horney

34 Mit Maria Schell in »Tagebuch einer Verliebten«, 1953, nach dem Roman »ich an Dich« von Dinah Nelken

Maria konnt sich lang nicht mehr trennen, wie Sie sehen.

35 Mit Hildegard Knef in »Eine Liebesgeschichte«, 1953, nach der gleichnamigen Erzählung von Carl Zuckmayer

Aber auch von anderen Prachtblondinen gab es manchen heißen Abschied. Hier von Hildchen Knef als Reiter seiner Majestät, des Alten Fritz.

36 »Bildnis einer Unbekannten«, 1954, wieder mit Ruth Leuwerik. ...

Bärtig mit der Leuwerik.
Wieder scheint etwas nicht zu klappen.
Arrogant dieses Bärtchen, heute weiß – und damals blond.

37/38 ...und eine weitere Szene mit ihr (oben) sowie auf dem Weg zur Hamburger Premiere zu dritt mit Helmut Käutner ▷

39 »*Ludwig II.*«:
*Szenen mit Klaus
Kinski, ...*

Nein, dazu fällt mir kein Spaß ein. Ich verdanke diesem König Ludwig viel. Ich schau ruhig die Fotos an. Wenn Sie mögen, tun Sie's auch. Da ist Merkwürdiges in mir vorgegangen und in vielen anderen Leuten. Dieser Streifen läuft noch heute.

40/41 ...*Ruth Leuwerik
als Elisabeth
und Rollenporträt* ▷

◁ 42/43 »Hanussen«, 1955: In der Titelrolle und (oben) im Gespräch mit Erika Hanussen, der Witwe des Hellsehers

Hanussen!
Ja, ich bin recht stolz auf ihn.
Ich liebe den Hellseher, auch wenn er manchmal jonglierte.
Solche Leute bringen einen -- right or wrong -- dem Wunder nahe, das tagtäglich uns begegnet, im Bauch, an der Straßenecke, überall.

44 »Ich suche Dich«, 1955, nach dem Bühnenstück »Jupiter lacht« von A. J. Cronin: Bei den Dreharbeiten als Regisseur...

45-47 ...und als Hauptdarsteller mit Anouk Aimée und Nadja Tiller (unten) sowie in einem Rollenporträt ▷

»Jupiter laughs« von Cronin.
Zu deutsch: »Ich suche Dich«.
Ich glaube, ich hab das zwei- bis dreihundertmal gespielt, nicht nur am Burgtheater Wien, nein, auch auf Tourneen, und ich hab's verfilmt – eine Story nach der anderen.

War der Regisseur O.W. nicht recht lieb?
Zwar unrasiert, doch er konnt lieb sein.
Ich habe Regisseure so wenig gemocht, daß ich durch mich selbst den Stand wieder »sauber« machen wollte. Wollen alle die Akteure vergewaltigen!
Wer das muß, sollte es lieber bleiben lassen. Ich meine Küssen und Regie führen.

◁ 48/49 »Mein Vater, der Schauspieler«, 1956: Mein Filmsohn Oliver Grimm holt mich auf dem Flugplatz Tempelhof ab. Oben eine Szene mit ihm und Hilde Krahl

Ewiges Kind, was Besseres gibt's nicht. Kleine Söhne halten ihre Väter jung.

Odile Versois. Wie tragisch sie starb! Und mir steht schon die Tragödie Hollywood voll Gewitter im Gesichte. Wenn nur jedes Unglück so gut ausginge am Schluß wie dieses.

50 »Herrscher ohne Krone«, 1956: Als Struensee mit Odile Versois, ...

95

51...mit der kleinsten Komparsin...

53 Mit Elisabeth ▷ Müller in »Skandal in Ischl«, 1957, nach einer Komödie von Hermann Bahr

Lisl Müllerin aus Basel. Sie war still, fein, vornehm und ist es noch, wenn wir uns sehen. Künstlerisch eine der besten!

52 ... und mit Horst Buchholz

◁ 56/57 Beim Abflug nach Hollywood, 1957, wo mich (oben) June Allyson, der Regisseur Henry Koster (rechts) und der Agent Paul Kohner abholen

58 Porträt, Mitte der fünfziger Jahre

59/60 »El Hakim«, 1957, nach dem gleichnamigen Roman von John Knittel: Bei den Dreharbeiten in Ägypten und in der Titelrolle als Dr. Ibrahim Gayal   ▷

Ah, Ägypter war ich auch?
Das hatte ich bereits vergessen.

◁ 62/63 »Helden«, 1958, nach der gleichnamigen Komödie von G. B. Shaw: Drehpausengespräch mit Liselotte Pulver (gegenüberliegende Seite unten) und in einer Szene mit ihr

Na ja, so empfehle ich jedem, Krieg zu spielen:
mimt der Lisa, diesem Lausbuben, in einem bulgarischen Bett. Gott, was haben wir gelacht! Sind so oft marschiert zusammen, Schweizerin und Österreicher.

Mensch, denk doch an deine Bronchien!
Auch der große Peter Voss hatte immer den Glimmstengel in der Schnauze. Ich hab später viel gehustet.

◁ 61 Gegenüberliegende Seite oben: Mit Ingrid Andree in »Peter Voss, der Millionendieb«, 1958, nach dem gleichnamigen Roman von Ewald G. Seeliger

64 Als Bluntschli in »Helden«, 1958

Herrliche Schwedin Jacobsson! Wieviel Auferstandene gibt's schon im Familienalbum. Aber bleiben wir in Gedanken vor der wunderbaren Frau stehen. Tun Sie's einen Augenblick!

65 Mit Ulla Jacobsson in »...und das am Montagmorgen«, 1959, nach der gleichnamigen Komödie von J.B.Priestley

66 Remake von »Menschen im Hotel«, 1959, nach dem Roman von Vicki Baum: Drehpausengespräch mit Regisseur Gottfried Reinhardt (links) und Artur Brauner...

An der Seine war es oftmals schwierig, aber Michèle Morgan war ein Schatz. Sie und die Anouk und Odile – voilà, das waren Pariserinnen!

67 ...und eine Liebeszene mit Michèle Morgan

◁ 68/69 »Menschen im Hotel«, 1959: Szene mit Michèle Morgan und (oben) mit Sonja Ziemann, Michèle Morgan, Heinz Rühmann bei der Premierenfeier im Münchner Gloria-Palast

Haben Sie gedacht, ich könnt nicht fliegen? Mit und auf die Sonja Ziemann flog ich und hab nie Abschied genommen von den Wolken.

70 Ein weiterer Film unter der Regie von Gottfried Reinhardt und mit Sonja Ziemann: «Abschied von den Wolken«, 1959

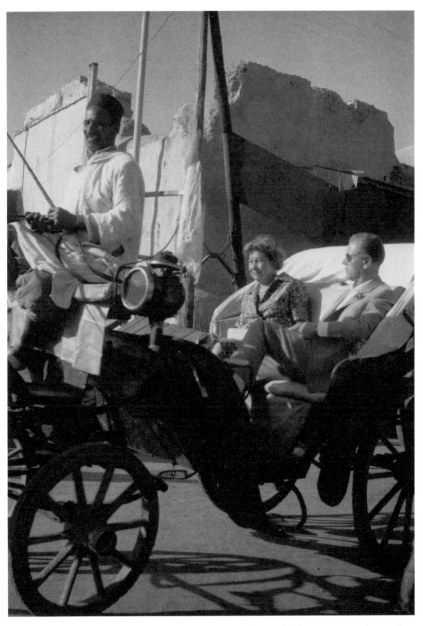

◁ 71–75 Vier verschiedene Gesichter in »Peter Voss, der Held des Tages«, 1959, und (oben) mit meiner Frau Nani bei den Dreharbeiten zu diesem Film in Marrakesch

76/77 »Mit Himbeergeist geht alles besser«, 1960, nach dem gleichnamigen Roman
von Johannes Mario Simmel: Zwei gegensätzliche Rollenporträts   ▷

So kannte mich mein Publikum, ...

...aber so doch nicht!

78 »Das Riesenrad«, 1961, nach der Komödie «Das Himmelbett« von Jan de Hartog. Mit Maria Schell ...

Göttin, Weibchen, Königin!
Oh, Margitli, bleibe gnädig.
Sie verzeihen, ich nenn immer die Maria »das Margitli«.

79 ... *und solo als Baron Hill mit Zylinder*

80 Mit Eva Bartok in »Es muß nicht immer Kaviar sein« ...

Eva Bartok:
Ungarland kam Altösterreich wieder näher, ...

81 ...sowie »*Diesmal muß es Kaviar sein*«, beide 1961 und wieder nach Romanen von Johannes Mario Simmel: Fluchtszene mit Senta Berger

... und bei diesem Donaukind, Sentalein, lag es nahe. Wien blieb in der Familie.

◁ 82/83 In »Axel Munthe, der Arzt von San Michele«, 1962. Mit der Titelrolle in dieser internationalen Coproduktion nach dem berühmten Buch wurde einer meiner Wunschträume erfüllt.

Axel Munthe! Sieben Jahre nach Hanussen hypnotisierte *mich* dieser Schwede.

84 Mit Liselotte Pulver in »Frühstück im Doppelbett«, 1963

Lisl Pulver, damals schon nicht mehr ein Lausbub, sondern Eheweib. Und sie spielte mit dem Feuer!

85 Mit Dany Robin in «Scheidungsgrund: Liebe«, 1960

Au! Ohne so ein Instrument macht es mehr Spaß, but some like it hot.

Seine Falten wurden tiefer. Engländer in Spanien. In Madrid filmte ich vieles.

86 In »Das Geheimnis der ▷ schwarzen Witwe«, 1963

87–89 Hugo von Hofmannsthal, »Der Schwierige«: Den Hans Karl (»Kari«) Graf Bühl spielte ich bei den Salzburger Festspielen 1967: Szenen mit Christiane Hörbiger als Antoinette Hechingen, Susi Nicoletti als Crescence (unten) und (gegenüberliegende Seite) mit Gerlinde Locker als Helene Altenwyl ▷

90/91 Mit Sabine Sinjen und Ruth Leuwerik in der Verfilmung von Arthur Schnitzlers »Das weite Land«, 1970

Diesen Film schrieb ja ein Dichter. Schnitzlers »Weites Land« spielt so über manche Grenzen, und Sabinchen war ein Traum. So etwas von Hochbegabung!

92 Privatbild, 1970 ▷

93 Der ZDF-Film »Ein Glas Wasser« nach der gleichnamigen Komödie von Eugène Scribe entstand 1976: Mit Susanne Uhlen, Maria Becker ...

Lord Bolingbroke.
Damals schrieb einer in der Zeitung:
»Gegen diesen Fischer ist kein Kraut gewachsen« – und er meinte es recht böse.
Finden Sie, daß es bös klingt?
Ich finde, daß so etwas schmeichelt.
Ich sah in diesem edlen Lord niemals den Rokoko-Kokotterich als gespreiztes, witziges Hähnchen.
Auch nicht ein höheres Wesen.
Nein, er war sich seiner sicher, so sehr, daß er Tramp geworden ist – Vagabund des Geistes sein durfte.

◁ 94 ... und allein als Lord Bolingbroke

95 Daheim in den fünfziger Jahren in Irschenhausen bei München ...

96 ... *und heute in Vernate hoch über dem Luganer See*

◁ 97–99 *Vernate, 1999*

GEDANKEN

VORWORT

MENIN AJETE THEA:
Sing es in mich, göttliche Muse,
heißt's bei Homeros.
Bei mir könnt es bestenfalls lauten:
Sing mir was vor, herziges Mutzi.
Im Ernst, lassen Sie uns lachen, soviel wir nur können, aber stets
mit dem Ziel in der Brust, daß es nicht hier, im Irdischen, ende.
Also, sing mir was vor von dem Alten, der oben am Berg so lange schon Krieg führt, gegen Beschränktheit, die ei-gen-e wie die all
der andern, dem Oberflächlichkeitsgötzen der Welt
und dem Wahn,
das kleine Ich reiche
im Kampf um die Mächte,
die Wissenschaften
in uns
gefunden.
Sie reicht nicht
ohne die Kraft und die Hilfe der
Gestalten,
die stiegen und steigen
von innen und ihnen,
die uns erschufen und
die uns erhalten ...
ohne sie erreicht man sich nie.

Keine Angst, so homerisch geht's schon nicht weiter. Doch der
Heldenmut, den der sang, den braucht man, wenn im Gebirge man

ganz allein hochklimmt und die Wolken, die in den Klippen sich
fangen,
    fragt,
warum die Stille so schreit in einem
und warum keiner da ist.
Und dann kommt er, der Tag, wo man
hört, daß die Götter, die man bald
stürmisch und sinnlich, bald kindlich
rief,
daß,
daß sie leben,
als Tiefen und Höhen in einem,
Das sind sie.
So man floh, sind sie da.
Man muß sich in einer Nacht
nur versenken
in sie,
wie im irdischen Eros,
wo man sich auch vergaß
und manches Mal findet,
wie jetzt,
wenn man über sich selber schwebt
und sich auflöst
und auffährt.

AUF WEISSEN MARMORSTUFEN

Schau an, jetzt geht auch das Leben flöten.
Das heißt, zu End ist es noch nicht. Ich hab einen Freund, einen
Kabbalisten, der hat ausgerechnet: so zehn, elf Jahr noch.
Genauer wollt ich es gar nicht wissen. Weiß nicht, ob das über-
haupt freundlich von ihm war.
Ramses II. und Rockefeller waren ja keine Leckerbissen.
Aber dummgehauen, wie wir's vom Leben nun eben sind, hab
ich es huldvoll hingenommen. Na ja, Sie wissen, wie wir sind.

Was empfind ich als Greis?

Hergott, ich weiß nicht.
Wenn das Buch da rauskommt, bin ich 84 oder 94 oder 104 oder
so was.
Ich würd sagen: vermieste Fröhlichkeit fühl ich – trotz all der
Malaisen mit der Gesundheit und mit den Verlagen.

Und das sind auch schon die größeren Plagen.
Ansonsten nur ein paar Kleinigkeiten.

Einen Schlaganfall hatte ich unlängst, aber ich höre, das kommt
öfter vor; wie die Kinder in Frankreich erlebt man viele Schläge.
An der Seine sagt man, so was sei sexy. Na bitte.
Von den Altersschlägen merkt man oft nicht viel. Auf einmal
sitzt das Mäulchen schiefer. Man küßt eben dann mit der anderen
Seite.
Das ist weiter nicht tragisch.

Nein, bei mir saß im Grund gar nix schief. Bei mir war's schon schlimmer. Der Mund und die Augen blieben gerade. Doch ich konnt nicht mehr gehen ... Und als der Doktor unseres Städtchens, bekannt für viel Herbheit, mich aus dem Bett bat – er müsse doch sehen, wie ich geh –, da kracht ich beim ersten Versuch in den Kasten und kroch, beinahe auf allen vieren, zurück, ein lädierter, weißhaariger Käfer. Gibt's das? Ich weiß nicht. Mich gab es noch. Und dann trat das Übliche meiner bisherigen Wanderung durch die Welten prompt wieder ein. Die Apoplexie ging knapp daneben. Es war nur ein kleiner Streifschuß gewesen. Und als die Verwandten knapp danach kamen, um Vera, der Hündin, zu kondolieren, merkte man fast vom G'storbensein nix mehr.

Bloß auf weißen Marmorstufen unterm hl. Florian (der sechshundert Jahre dort schon immer Feuer löschte – seither war bis heut da keins) hielt ich mich ein bissel fester.

Ich trag manchmal auch ein Stöckchen, und Bekannte halten das für die pure Koketterie, was es nicht ist.

Aber, mein Gott, man war ja Mime vor ein paar Äonen Jahren, da konnt man sich auch nicht schönen, wenn einem grad einer zusah. Und so hatsch ich halt herum, auf drei Beinen. Hauptsache, oben ist ein Kopf.

Als der Clairvoyant, wie sagt man, der Hellseher, mich eine Marke »Uralt« nannte, sprich, als er mir prophezeite, daß ich noch so lange lebe, rieb sich, glaub ich, schon mein Unterbewußtsein die Hände, nur das Oberstübchen sagte »Lölli-Dummchen«, worüber in aller Welt freust du dich so, du, als einer der ganz wenigen, die wissen, daß wir hier im Gefängnis sitzen, abgeurteilt ohn Erbarmen, kein Pardon-Gesuch kann helfen, daß der Henker auch auf dich wartet. Nur das Wie, das in den Akten unsrer Seele auch längst feststeht, wird nicht übermittelt. Auch das Wann nicht, doch mit beiden Daten ist man eben schon geboren ...

Fehlurteil, Aufschub, ach wo, ich weiß nur, eine Fee, wie in San-

ta Monica damals, im Rauschen des freundlichen Ungeheuers, des Pazifiks, die wird kommen, hauchen, küssen und erlösen.

Kann aber auch mein Schäferhund Kim sein, der an Krebs starb, der mich abholt.

Damals war er halt ein Mädchen im Sand von Amerika.

Wie hat sich mein Dasein dort doch verändert, als es mir die Allhypnose eingeatmet hat.

Dio! Was erlebt man nicht alles in dem Rausch der Zeiten, wenn einen der Wirbelsturm auf-weckt, der die Samen zwischen Himmel und Erde, zwischen mir und mir herumträgt.

Seit Kalifornien hat der Selbstmord sich von selber dann verboten.

Ich – hatte von innen einen Auftrag. Und aus ihm wurden viele. Jeden Morgen um halb vier oder früher tret ich vor den Vorgesetzten an. Innere Stimmen, die mir wieder was verraten, in mich speichern. Geht's Ihnen auch so. Doch! Sie wissen es nur nicht.

Wissen Sie, man hört sie lang nicht, diese Stürme in der Brust, dieses Brausen in den Lüften, nur wenn eines Tages die Glocke Freiheit läutet, hört man alle Engel singen, knirscht es vor der nächsten Runde, kann's ein gräßlicher Mißton sein, der dich niederwirft und hochreißt.

Wenn Sie zufällig was lesen oder hören von den Zahlen, die Sie darstellen, die die Wissenschaft gefun-den jetzt im 20. Jahrhundert, von den Umdrehzahlen Ihrer, Ihrer, Ihrer Teilchen, Trillionen Miniteilchen, sie gehören alle Ihnen, da steht manchmal eine Vier und dann 28 Nullen, und der Leser schaut blöd drein und sucht nach den Fußballspalten, denken Sie, daß das Geheimnis, das das 20. Jahrhundert so ganz en passant geboren – aus uns – und so grell ergossen hat über einen, daß man, wenn man an es denkt, ganz von selbst die Augen zumacht. Niemand kann man das verübeln, daß der Blitz, der sich aus uns da entfesselt (er war lange schon in einem), im Grund völlig ungehört losschrie, aber daß er mir, einem alten Kompatrioten, einem Mitbürger von Ihnen, viel-vielmals das Leben schenkte und noch myriadenmale Besseres, jede Angst vorm Tode nahm, sogar eine Freundschaft mit dem Burschen schloß und der Freiheit, die er bringt für den Atem, der hier früher nur das Leben war und jetzt alles, ja der Himmel wurde.

Wahrscheinlich werd ich das gar nicht in dem ersten Buch da tun, tun können. Ich möchte, solang ich lebe, Ihnen peu à peu berichten von dem Wunder, das in uns ist, von dem Wunder, das wir darstellen. Ich verstehe wirklich nicht, wieso unsere Wissenschaftler oder andre wohlgesinnte Jünger manchmal sinnloser Moderne das Wort Wunder abgeschafft haben. Ich war niemals ein Zelot, aber traf im ganzen Leben nichts als Wunder. Etwa unsere Geburt. Da produziert jeder x-beliebige Bub viele, viele Millionen Samen pro Erguß. Fast alle sterben, werden aus- und abgewaschen, doch das Leben und die Seelen, die in ihnen lagen, die vergehen sicher nicht, lösen sich in einen neuen Zyklus unserer tollen Mikrowelt, die die Größe Mundi ausmacht. Und das Irdische, das trifft und aus unvorstellbar kleinen Samen-Eiern uns selbst darstellt, transitorische Phänomene, kommend-gehend, sind das keine Wunder? Es gab eine Zeit, wo ich in dem Unsichtbaren, das uns durchpumpt als die Luft, als der Atem Himmels-Höllen-Fahnen sah, die uns zum Geheimnis führen, das wir sogar unseres Wissens sind, sein müssen, das sich sucht.

Ich red gar nicht von der so umstrittnen Wiedergeburt.

Daß der Aufwand unserer Körper für die mickrigen paar Jährchen grotesk übertrieben wäre, müßt der Dümmste im Grund einsehen. Myriaden unsterblicher Teilchen, die sich drehen weit über das Lichtgeschwinde, sind nicht da für die paar Jährchen, die wir leben! Auch die sekundären Sexualmerkmale (Männchen, Weibchen) tragen schon durch Ähnlichkeit der Leiber einen oftmaligen Wechsel klar im Rucksack.

Man ist vorbereitet, daß man die Geschlechter wechselt und die

Leben. Nein, Geboren-Werden kommt von Bohren. Auch das ist nicht nur das Nächstliegende des Vorgangs. Man bohrt sich durch viele Zonen der unsichtbaren Gebirge, wie die berühmte Schlange, bis man auf ein klareres Licht stößt; und »mehr Licht« hat nicht nur Goethe nicht gesagt, als er starb. Man hat's gehofft, er hätt's getan, weil ein jedes Wesen, das wir kennen, diesen Schrei in sich empfindet. Menschen nicht einmal so deutlich, aber Bäume gehen ein, wenn sie keine Sonne haben, Tiere werden nie erlöst, wenn sie keine Liebe spüren. Mich haben sie dafür belohnt, eindeutig mit Offenbarung.

Von ihnen hab ich gelernt, daß sie über Tod und Opfer ungleich mehr als wir erfuhren, wissen, wie sie Jahre davor selbst die Stelle ihres Grabes finden, ihrer zukünftigen Gräber. Ich hab sie erlebt, diese Attraktion des Grabs. Sie wissen, wo man auf sich wartet. Ich werd Ihnen viel erzählen, über die Geheimnisse, die ich dieses Mal erlebte.

Ich schreib deutlich dieses Mal.

Und so mein ich, daß den Tod ich in Traum und Hellgefühlen deutlich als Geburt erlebte.

Aber überfallen gilt nicht. Ich darf's Schritt für Schritt erzählen.

Verzeihen, nein, verstehen Sie, bitte, wenn ich, wie gerade vorhin, möglichst unaufdringlich Zahlen einstreu wie diese 4 + 28 Nullen-Teilchen, die mit namenlosen Kräftegraden in uns toben. Ich sagte schon, das sind halt wir, Sie, ich, jeder Punkt auf Erden. Dies Jahrhundert hat den Riesenzauber, der wir sind, entdeckt. Davon zu wissen, könnte nötig werden, wenn unser Karussell sich weiterdreht.

Also Schritt für Schrittchen bitt ich um Vergebung, wenn ich bloß ganz en passant davon erzähle.

Vielleicht war's das, was mich freut an dem kabbalistischen Ora-

kel, daß nach seiner Meinung mir dafür noch einige Zeit
bleibt.

Also Schritt für Schritt ...

Ich hab vor, in diesem Büchl Ihnen vorerst nur ein paar G'schichten zu vermelden. Nicht ganz wie ein storyteller. Meine sind natürlich, na, ich geb's zu, ein Vorwand, eine Falle für was Tiefres, das die
meisten Journalisten sich verbieten. Sich und einem! Ich hab da
meine Erfahrung. Dio mio. Aber ich erzähle selbst ganz gern. Sto-
ries sind die Mütter unserer Philosophie. Was denn sonst. Wir kennen ja nichts als zumeist recht Primitives. Wir erschrecken vor Ent-
hüllungen unsres Saeculums, Jahrhunderts, und wir bemerken in
der Regel gar nicht einen Budenzauber wie den Mondflug oder den
des Neutrons, das mein geliebter Freund (ich sage Freund voll
Stolz) abschoß in das Unteilbare. Dieses unteilbare Uran, das Hahn
selbst gefunden hatte, zwanzig Jahre früher als Leutnant heimgekehrt, war nach dem Weltkrieg Nummer Eins. Was für ein Jahrhundert. Und was für ein Genie an Demut, Charme und Heiterkeit
und Gewissen, dieser Hahn! Ja, nur dem konnt das gelingen, was
die Welt verändert hat.

Kurz, daß Erfindungen des Umfangs, wie das beinah unbeachte-
te Mirakel Fax, der drahtlosen Telegraphie Teslas, Lilienthals und
Wrights Flugzeug, nur ein fernes Grollen in den Tiefen unserer Seele waren,

daß sich etwas im Erdinnern und natürlich noch viel mehr in
dem Mikrokosmischen unserer eignen Leiber abspielt, daß sich Tolles vorbereitet ...

worauf wir beinahe völlig ungenügend vorbereitet sind ...

Will uns was erwachsener machen?

Genügt diesem Weltgenie, das in uns vom Anfang an auf Befreiung wartet,
mit Gewalten und mit Tempi,
die wir kennen,
genügt ihm das Biedermeier, dem wir bürgerlich nie entwuchsen,
plötzlich nicht mehr.
Mit und ohne Hosen-Hopsen.
Nein, ein jeder von uns weiß, daß da etwas auf uns zukommt. Das
Ozonloch allein ist es nicht ... Das ist vielleicht nur ein Sterben,
aber es geht viel, viel weiter. Daß man's in der Regel nicht als Schul-
kind tut, ich mein sterben = sich vererben in die Region, die regnet, die aufweckt, die mit gut und schlecht uns befruchtet, sprich
vervielfacht, 's ist! Das Perpetuum mobile. Und da einzugreifen,
unbewußt mit unseren jetzt bekannt gewordnen Kräften, ist das Ziel
der biologischen Messages, die in dem Jahrhundert wir aus uns
selbst empfangen haben.
Also, auf zu den Geschichten und mit Freude.
Die Geschichten sind die Mütter jeglicher Philosophie, steht
da ...
Die Geschichten sind die Schichten,
die Gefühle, Triebe, Hiebe
durch die Zeiten aufgeschichtet.
Eine drückt und schützt die andre,
wird in Not und Tod die Zukunft
eines Turms, der sich erhebt.
Und die Story ist die Mär,
ist das Märchen ganz verwandter Bildvorstellung:
Storage sind die Lagerräume.
Stores = Vorräte, die Überraschung bringen, in der Eindrücke
sich sammeln und die
Storey ist das Stockwerk, Mehrzahl sind die oben genannten
Schichten.

Aus dem Bau von Herz und Hand Sinn zu
ziehen ist die Liebe zum Verstehen,
was wir uns da angelastet, was
der Spuk, das Spiel denn soll.

DER GEBURTSTAG DER BAVARIA

Weiß gar nicht mehr, wann das war. Vor vier Jahren. Richtig. Ich war 79. Die Zeit, wo man ärmer wird und, wenn eines Baum noch wächst, eben reicher. Man sieht weiter von der Spitze der Tanne.

Einer nach dem andern stirbt, aber – höher noch, man schaut sie, lebt mit ihnen, den Erlösten, wandert zu lebendigen Gräbern, wo die Leichen nicht verwesen.

Mir war grad das Liebste, das ich hatte, nach fünf Jahren Grauen gestorben, und ich wuchs mit ihm in Weiten, die ganz neu waren.

Ein vornehmer, zarter Löwenkater, den die Teufel peinigten,
bis er reiner war
als alle. Poldi.

Ich habe eine Freundin. Eine Künstlerin von Gnaden. Ich muß sagen, wir kennen uns noch nicht persönlich, nur von ihren Kunstwerken und von Talkshows in der ersten Zeit der Korrespondenzen und der echten Sympathien. Die zeichnete mich stets ein bißchen düsterer, als ich bin. Einsam. Das war ich nie. Privat beinah immer albern und viel lachend über mich. Monomanisch, ah, das schon. Aber seit die Kostbarkeit und die Anzahl meiner Toten wächst, unterhalt ich mich mit ihnen immer leiser, immer schwebender und leichter und bin nur mit ihnen froh. Sogar fröhlich.

Denn der Ernst des Lebens, weiß man's oder weiß man's nicht, ist der Tod, der immer mitgeht, mit dem man geboren wird, der Höhepunkt des Lebens. Das wissen die wilderen Völker und die hohen wie die Inder. Die Ägypter, die es nicht mehr gibt, bauten ihre herrlichsten Häuser, ihre Pyramiden, als Paläste ihres Todes mit den magischen Geisterfenstern, in die ihre Sterne schauten, in die tiefen Gänge. Aber freilich, alle ihre Götter hatten Köpfe von den Heiligen, die wir fressen, von den Tieren.

Auch das Firmament, das sich über ihrer Erdenscheibe wölbte und sie wenigstens halbrund gemacht hat, war ein endlos, endlos-langes Schlangenmädchen. Es hatte ein winziges Köpfchen, das an unseres erinnert. Sonst hingegen war der Horizont von Ägypten Rückgrat (Rückgrat = ein endloses Mark), sprich Erinnerung an früher, an das ganze Früher, und der Tod war Ziel und Sinn und der Freund des Königsvolkes.

Wenn mir die Geschichten, die ich Ihnen jetzt erzähle, noch ein bissel Zeit gewähren, werd ich Ihnen sagen, wie ich ihm begegnete.

Nicht in tragischem Geschehen. Nein, als wir uns schon gut kannten.

In das Ambiente der geliebten Auferstandenen und das doch ein bissel Heller-Werden in den frühen Morgenstunden (ich geh abends früh ins Bett und genieß die Dämmerung in der Frühe, wenn der Kimbowolf auf Pirsch geht und mich küßt und, riesig werdend, mich die Runde übern Wald trägt), in das Ambiente platzte eines Tags ein Brief aus München, aus Geiselgasteig:

Einladung zum 75. Geburtstag der Filmfirma. Das war mir höchst unsympathisch. Ich geh aus zu ein paar Freunden, und nachdem ich wenige habe und die wenigen meist verreist sind, geh ich nie aus.

Mit wem ich mich unterhalte, sagte ich schon, und dann hab ich soviel Auslauf, und die Welt kannte ich schon, viel, viel mehr, als es mir lieb war, dieses Unikum an Schönheit und Zerstörungstrieb und Reiz, das so wenig Ahnung hatte von sich.

Indien – zu tief. So ernst war die ganze Sache gar nicht, und die Weißen viel zu flach ... Deshalb schwelgen sie in ihren Körperwöl-bungen, glauben, daß das sexy macht. Sexy sind nur die Gesänge unseres Herzens, die uns tragen.

Anderes wird recht bald albern.

Kater Poldis Glassarg stand noch auf dem Fleck, wo er lange Jahre unbewegte Sphinx gespielt hat und nur manchmal sein Nil-Schweigen unterbrochen hatte und Kind war – wie ich, der Alte.

Dann rief eine Frau an, Mitglied der Bavaria, und rief noch einmal an, unverschämt zuerst, dann sehr lieb, ich wollte sie abschrecken mit ganz überhöhtem Abendhonorar, aber plötzlich stand die schönste Zeit meiner Tage – Irschenhausen an der Isar – vor mir da.

Ich verlangte, was ich sowieso vorgehabt hab, überhaupt nichts und bestieg ein paar Tage später ein geschmeidiges Mamsellchen der Luft, einen kleinen Düsenjet, Richtung München.

Das von der Bavaria geschickte Flugzeuglein war so klein, daß beinah die Beine draußen blieben, was fatal gewesen wäre.

Ja, da saß ich in der flotten Spucknapf-Luftmaschine und rang noch mit der Cintura, das ist die Bauchbinde, die verhindern soll, daß man sich den Kopf anhaut, eh man abstürzt (überm Mantel geht der Verschluß ganz schwer zusammen, und den Mantel auszuziehen, war der Raum beinah zu eng), da bemerkte ich, daß ich nicht allein war.

Zwei Reihen hinter mir, auf der andren Seite, saß ein Herr im Maßanzug, Grandseigneur mit grauem Bärtchen, sah weg, ich sah hin, dann er her.

Schließlich wurden seine braunen Augen chevaleresk schmal, er sprang auf, das heißt, er wollte, auch er war durch die Bauchbinde ja gefangen.

Aber weltmännisch ein Ruck oder zwei, und er war frei und rief, hübsch noch immer und fast schlank, meinen Namen: »Ich hätt dich nicht mehr erkannt.« Zwei »rr«, hart, russisch-französisch, ganz zaristisch-emigrantisch hat er in Paris studiert, eh er Komödiant geworden.

Ich kroch, tief gebückt, zu ihm in die nächste Notabteilung, und wir saßen jetzt ganz nah und sahen so an uns vorüber wie zwei altbekannte Fremde, die kaum was vom andern wissen.

Hatten einen Film gedreht vor so 40, 41 Jahren, ich noch ganz waidwund von Amerikas desaster-bullfight, der mich fast getötet, er nur elegant verlegen. Wollten herzlich sein, und beide wußten nicht warum.

Dann sagte er, man hätte ihm gesagt, ich sei schon 83 und daher hätte man mir die bequeme Reise konzediert, und da wußt ich, ich war wieder zurück 30, 40, 50 Jahre in der miesen Atmosphäre, die die Traumwelt Film oft hatte ... Und ich lachte, und ich wollte eine Handbreit Distanz halten, die ich mir so schwer erkämpft hab.

Und dann wechselte ich das Thema.

Immer vorwärts, nie zurück ... Was ich mache? Nun, ich leb gut und bescheiden, im Geist prunkvoll. Aber sonst ist's auch ganz schön.

»Vieles trägt mich ...«

»Was?«

»Die Luft zum Beispiel, aber die besonders.«

»Machst du Witze? Ich versteh nicht.«

»Ja, vielleicht ist es ein Witz, vielleicht ist's ein Jocus Jovis, du bist ein studierter Mann.«

»Ja, ein Scherz des Jupiter ...?«

»Kennst du ...?«

»Den Jupiter? Nein, persönlich hatte ich noch nicht das Vergnügen.«

»Schad. Er ist der Geist von Rom. Ich bin ihm dort stets begegnet. Er beherrscht den Vatikanischen Hügel oft mehr als die sanfte, frohe Botschaft. Imperial und nackt frivol leuchtet sein

Charme faunisch-puckisch.

Dabei ist er der Gottvater,

wie er durch den Wald sich schlich,

manch Athener zeigte sich ...«

Unser russischer Franzose bekam vorsichtigere Augen. Was war in der Einsamkeit mit dem OW vorgegangen?

»Das ist Shakespeare«, sagte er, seiner Sache nicht ganz sicher, denn etwas stimmte im Text nicht.

»Das ist Shakespeare«, sagte ich. »Der hat sich ja auch für Gespenster, Götter, Faune = unsere tiefren Phänomene mächtig interessiert. Die Natur ist voll von ihnen.«

»Mhm«, sagte er ... ′

»Du warst, alter Freund, von der Luft, die uns trägt, vorhin doch etwas verwundert.«

»Ach nein, gar nicht«, sagte er und war's sehr.

»Doch. Und es ist auch nicht erstaunlich. Schau einmal da raus durch diese runde Luke alias Fenster. Siehst du was?«

»Nein, überhaupt nichts.«

»Kannst auch nicht. Und doch trägt uns dieses Nichts, das du siehst, mit viel 1000 kg, die unsere Nuckelpinne wiegt, plus 300 kg, uns zwei und die zwei Piloten. Und dem ganzen Universum geht's so wie uns herzigen Zwergerln. Sonne, Sterne, Galaxien ohne Grenzen, ohne Maße, unter denen Herkules stöhnt, trägt das Nichts wie Seifenblasen.«

Der zweite Pilot, der Steward spielt, wenn sicher ist, daß der erste Pilot wirklich wach ist, hatte meinem Altkollegen, den ich mochte, ich betone das, im Verlauf der Luft-Kutschenreise schon die zweite Rotweinflasche angeboten, der das feuchten Augs genoß.

Langsam schloß er immer wieder diese noblen, gutartigen Augen vor der Sintflut der Physik, Kosmologie, Geisterlehre, die sich über ihn ergoß ...

Nickte er vor Andacht? Oder war er einfach müde? Erträgt auch ein Russenherz Ströme außen, innen manchmal eben doch mit Mühe?

153

Etwas trieb mich jetzt, diesen an sich lieben Kerl wach zu halten, und ich rief mit leicht erhobner Stimme: »Du! Weißt du, daß das Nichts, das das All trägt, ohne Flügel, ohne Mieder und Krawatte alle Zellen ausfüllt, die ansonsten völlig leer sind?«

»Ah«, er nickte lieb und höflich mit starren, guten Augen.

»Sie sind von dem Nichts erfüllt, das den ganzen Kosmos trägt, stell dir vor: und die Luft, die unser Atem, putzt und säubert alle Straßen. So sieht's aus in uns, mein Alter.«

»Na, ich danke«, sagte er.

»Und die schmucke, kugelrunde, unsere Mutter Erde legt so mittendrin ihren Karneval zurück in doppelten Purzelbäumen.«

»Recht hat sie.«

»Ja, nicht wahr. Man darf das Leben nicht zu tragisch nehmen ... Weißt du, was besagte Luft ist?«

»Ach, du wirst es mir gleich sagen.«

»Mhm. Stickstoff, Sauerstoff und ganz wenige Edelgase.

Gift und Segen. Tod und Leben.

Was du rufst, das tritt aus dir, deinem inneren, deinem äußeren – All – ah.«

Wupps.

Es zitterten die Gläser und die Flaschen und die Teller mit dem Imbiß (lumpen lassen auch die kleinen Transportfirmen in der Luft sich nie). Aber Luftlöcher sind immer wieder recht erschreckend.

Man muß schon aufs Gas vertrauen und aufs Nichts, das einen trägt.

Weiterträgt durch unsere Rätsel.

Der Pilot war gut.

Luft und Schicksal waren noch besser.

Das Nichts hielt, was es versprochen, und es wurde wieder alles gut. Es schloß sich die Lücke, und das Loch lächelte als blauer Himmel – und ging vorüber. Man flog weiter. Und vergaß. Und war weiter gar nicht dankbar.

154

»Allah«, schmunzelte mein Russe.

»Sagtest du da vorhin Allah?«

»Ja.«

»Das klingt so religiös. Überhaupt, was ich mitkriege, die Luft trägt uns ...«

»... sie erweckt uns, sie erfüllt uns ...«

»Ist sie Gott?« lächelte er und sah auf die Luft hinaus durch die Luke, durch die Lücke, die sich doch zum G-lücke unserem schlafenden Bewußtsein manchmal auftut.

»Oh, sie ist ein Teil des ganzen Wunders«, sagte ich, »das ein Knopf aus Horn, ein Affe, ein Loch in der Luft und wir sind. Man kann alles heiligen. Bist du Christ?«

»Was – ? Ja.«

Er sah mich an und griff nach der Flasche.

»Na, was denn sonst«, knurrte er.

Daß die Flasche leer war, ärgerte ihn.

»Kennst du das Vaterunser?«

»Wie?«

»Das Paternoster?«

»Was willst du damit sagen? Kennt doch jeder.«

»Bist du sicher? Vater unser, der du bist im Himmel, geheiligt werde dein Name.«

»Ja und? Das haben wir gebetet schon in China und Paris ... Warum sagst du das?«

»Ach, weißt du, es ist eine ungeheure Sache, die sich da aus diesem rätselhaften, heiligen Jüngling Jesus aussprach, und es fröstelt mich ein wenig, daß die, glaub ich, größte Religion der Erde, die jetzt bald zweitausend Jahre alt wird, dieses Wort ›Geheiligt‹ nicht bemerkte. ›Sanctificetur nomen tuum‹ birgt beinah das ganze Weltgeheimnis.

»Und was bedeutet das?« fragte er, nicht allzu gern bereit, sich mit solcherlei zu quälen (warum sollte er, wenn's bis zu der Zufalls-

155

reise Agno-München noch kein Mensch vor ihm getan hat. Kein
Christ und auch sonst kaum jemand.)

Nichts, sagten die alten Lehren, ist in dieser ganzen Schöpfung,
was nicht göttlich wäre, und sie meinten damit, voll des Wunders,
voll des Wunderns = unbegreiflich. Und das 20. Jahrhundert mit
der sachlichen Entdeckung der zahllosen Elektronik in uns und in
jedem Tropfen aller Meere, also auch der Leiber, hat das amtlich,
wissenschaftlich klar bestätigt und genutzt, doch nicht begriffen.
Sie macht wie der Teufel um den Weihbrunn einen Bogen um sich
selber. Nach Johannes liebt sie eben die Finsternis und will auch
ihre eigene Entdeckung nicht erkennen.

Du weißt, daß die Luft der Atem und damit auch alles Leben ist.
Alles Leben ist die Mischung, die die Luft ist, Atmosphäre, ohne
die der Mensch verglüht wie rundum die Kugel Erde.

Wir haben um uns diesen atmosphärischen Schutz, unseren
Überlebensschutz, selber ausgeatmet;

wir gebären ihn, sozusagen, alle paar Minuten, und er ist zugleich
der private Himmel, der im Kreislauf uns befruchtet mit Gedanken,
wie im Größeren der Regen, der auch aus der Erde aufsteigt und sie
wieder fruchtbar macht.

Lustig, nicht, aber das ist so.

Dieses Geistercircularium, laß mich dieses Wort erfinden, um das
alles heiterer zu ertragen, schafft, erotisiert die Welt.

Jedes Ding dampft sich eine Seele aus, und die lebt und macht
die Geister, aus denen das Ganze wurde. Das ist wirklich so natürlich. Mädchen ohne Atmosphäre interessieren keinen Mann, und
ein Mannsbild ohne diese interessiert doch keinen Teufel.

Geister aber sind die Mehrzahl des Hormons, das man Geist
nennt. Kein Geist könnte leben ohne Geister.

Diese Luft, das Agens mundi, ist das, was zusammenhält, ist, was alles wirken läßt, von den Lungen zur Verdauung, von der Kußinspiration bis zur Sprache und Bewegung.

Diese Luft ist ein saurer Stoff, du weißt es, Sauerstoff, das Oxygen, das, ich sag's noch einmal, den Leib verbrennt.

Nitrogen erstickt zum Knochen, Stickstoff erstarrt zum Gerippe.

Aber ebenso, nach Bedarf, ist die Luft die größte Wohltat, ist der Engel und der Retter, Luft, Luft, wer sie nicht kriegt, geht, stirbt. Hurrikans, die sie selbst darstellt, Wut, Zerstörung und Vernichtung, alles ist ihre Domäne.

Und dann baut sie wieder auf, küßt die Bäume, die sie knickte, holt die Leichen aus den Gräbern, auch die Seele ist ja Luft, ist für das Gras, die Wälder und die Kälber, für uns alle schließlich auch die Auferstehung.

Ohne Auferstehung dieser Lüfte gibt's nicht die geringste Freiheit von der Erde, keine Rettung aus der Gruft.

Weißt du, wenn man so erwachsen wird, wie der auferstandene Jüngling aus dem alten Nazareth, der soviel erzauberte aus der Tiefe seiner Liebe, seiner Sehnsucht nach Befreiung aus der Schmach Materiae, aus dem Grauen seines Daseins und des andauernden Sterbens ohne Hoffnung auf mehr Licht, wenn man so erwachsen wird wie er, weiß man erst, daß man zu den Dingen allen »Ja, Ja« sagen darf. Oder – »Nein«.

Alles andre, sagt er, sei beim Vater, den er niemals »Gott« genannt hat.

Manchmal fragte ich, was er meinte, wenn er »Vater« sagte.

»Weißt du's?«

»No!«

»Meine Zeit glaubte an nichts. Nur an kühle Wissenschaft, was ich abhorrierte.

Ich war künstlerisch begabt. Wissen ist für Künstlerschaft nur ein Werkzeug, Unsichtbares darzustellen und Gefühl zu übermitteln. Doch sein Wesen ist der Traum.

Das Gefühl, die Ahnung aber ist auch für Erfinder alles ...

Und so sagte mir das ›Werkzeug‹, dieses Wissen des Jahrhunderts, daß die Elektronen, unsere Heinzelmännchen, weißt du, für Chirurgen, Mondforscher oder Radiofachleut nur ›gehorsame Materie‹ sind, doch in Wahrheit Wohnungen unseres grenzenlosen Wunders.

Ohne die kleinste Lücke sind sie unser Körper und das ganze Universum, kurzum alles, was wir erbten. Glaubst du's nicht? Sie sind unsere Eltern, unsere Vorfahren, die in unserem Blut und Genen das totale Erbe darstellen, sie sausen mit vier Millionen Milliarden Malen die Sekunde nach der Freiheit von uns, um uns und im Grunde auch für uns. Die Versöhnung mit dem Lebenswunder müßte doch die Rettung sein.

Das in das Bewußtsein einzuspeichern, halt ich für den Mundvorrat unserer unvermeindlichen Todesreise.«

»Mir wird von alledem so dumm ...«

Diese Worte des berühmten Schülers aus dem Faust-Gemälde schienen aufs Wort jetzt sein Zustand.

»Sich versöhnen«, sagte er.

»Ja. Ich zitierte doch grad Jesus, als er riet, nur ›Ja‹ zu sagen oder ›Nein‹ zu dem, was einfällt in uns an Gedanken, Trieben, Liedern, und das andre alles einem Vater überlassen.«

Und so setzte ich (mich zum Christentum zurückbekennend) nur statt Vater Väter, die um einen und in uns das gefallne Wort erfüllen. »Wirf dein Anliegen auf den Christus in dir«, sagte die »US Christian Science«.

Wieder setzte ich statt Christus »Väter«, wie auch er es tat mit Vater, Mutter, die mit Blut und Atem mich gemacht haben und bewegten, die in mir von Bild zu Bild sind, leben, weben, Kräfte kriegen, die die Wissenschaft gemessen (ohne, ich sag's noch einmal, zu er-messen, was so unaussprechlich hohe Mächte in uns sollen)! Diese Mehrzahl stimmt denn auch mit der Explosion des Urknalls und der Unzahl unserer Ahnen (alle im Zusammenhalt, ihrem Sinn und ihren Leibern, alle, alle voll Geheimnis ihres Lebens und der psychischen Ewigkeit).

Und vor jedem wirklichen Schritt, zu dem mich das Leben zwang, fragt ich sie, frag ich mein Inneres, ganz still wartend auf die Antwort.

So erlernte ich allmählich, auch den tiefren Sinn des Schweigens und versöhnte mich mit allen, die in mir waren,

oder vielen ...

oder manchen, denn

Versöhnung ist ein fließendes

Geschehen,

das man sich verdienen muß,

doch es lohnt,

man wächst mit Geistern

wie hier

auf den Stufen größeren Wissens.

Ja, mein alter Herr Kollege, das sind Fragen nicht nur zu intellektueller Reflexion (schöngeistigem Nasebohren sozusagen). Meta-Physik heißt »nach den Leibern«, und sie kommt von selber, spätestens mit dem Sterben wie die aufgerissenen Augen mit den großen Schneelawinen. Und davor muß man in sich horchen lernen. Ja, bereit sein ist alles – nicht?

Nur so können wir die

wilde Jagd,

die wir allenthalben

finden und erbeten,

doch noch Schritt

für Schrittchen heilen.

161

Wachs aus dir, nenn's »Heiligen«.

Nein, hör zu, das Ganze ist nicht schwer. »Heiligen« heißt nur dran glauben, an das glauben, was uns die Biologie des Jahrhunderts genau lehrte und bewies, daß wir voll der höchsten Lebewesen uns bewegen, die milliardenhaft heißer, stärker, schneller sind als wir selber und uns mit der tollsten Findung, die die Menschheit je erfuhr, glücklich und tief aufgeschlossen jeden Tag wieder verbinden. Unsere Kräfte wachsen, wachsen nur durch das erkannte und bewiesne Wunder! O Gott, weißt, wie wir das brauchen in dem todgeweihten Leben!

Er hatte die Augen zu, der neben mir.

So schloß ich auch die meinen. Draußen war die Luft jetzt blau.

Die Uhr zeigte, wir waren kurz vor der Landung. Föhn, die Münchner Sondergabe.

Hat er mich gehört? Hab ich überhaupt gesprochen. Oder vor mich hingemurmelt.

Ich zog meinen Mantel an, wieder nicht ganz ohne Mühe. Platz ist in der kleinsten Biene, die ja sonst sehr wacker brummte.

Für den Wupps konnte sie nichts. Sonst hat sie famos gewackelt.

In den letzten zehn Minuten redete ich nur mit mir, mit dieser illustren Bande der Phantasmen meines Innern.

Gott in mir, sagte der Paulus. Paulus lehrte, und er lernte von den Griechen, war Professor, meines Wissens, in Athen. Großer Mann und vorausahnend, was wir heute mikrobiologisch wissen von den Fasern und den Points jedes Minimillimeters.

Ach, ich ahnte schon, daß dieser Mann neben mir mich beim ersten Mal nicht verstehen würde. Aber was wir da erfunden hatten, war, das fühlt ich ohne Pathos, doch aus uns gewachsen, daß es uns, nach so vielen Zeiten dumpfen Tastens rette in dem, was vor uns liegt. Was vor uns liegt, ist ja ernst. Mein Gott, mehr, mehr, mehr als ernst ... Brauchten wir nicht mehr Licht, als das da aus uns rausgewachsen?

Welch ein grandioses Spiel war Man = Jeder:
Wenn der alte Paulus recht hat, war ein jedes Pünktchen gött-
lich.
Schade, daß das Wort Gott,
da es unbeweisbar ist,
beinah schon wieder bigott klingt.
Jesus selbst gebraucht es nicht mehr.
Für ihn war das sexuelle Wort, der Vater, was ihn anzog und
bewegte.
Für mich waren es die Väter, die den Kosmos in mich zeugten,
was zum Ursprung führen mußte durch Versenkung, da's in mir war.
Es war da. Und es gab Antwort, wenn Nichtsdenken – Stille rief.
Biologie, Atomphysik, die Mirakel aller Zeiten, waren bewiesen.
Gebe ich mich ihnen hin, steigt die Seele,
die in allem,
dieser Wasserdampf des Feuchten, voll der
Gnade und der Samen, dieser nasse Dunst des Eros, der das Uni-
verse schafft. Und er regnet sanft Gedanken in mich wieder wie ein
heiligender Regen.
Was ich daraus mach, ist Gesetz
der höchsten Stunde.
Was ent-deckt ist, ist entzaubert. Doch die Neu-Gier, diese Sucht
des Entthronten, kennt nur einen Rector:
Glaube
Wissen macht uns kühl. Im Winter aber stirbt das Wachsen.
Glaube, Liebe machen fruchtbar.
Diese beiden sind die Hoff-nung.
Dehnen sich und machen heiß – Hoffnung – Hof. Die Monde,
Sterne strahlen Höfe.
Unser Hof heißt Atmo-sphaira, aura = golden ist die Krone.
Aurum ist das Gold, sein Vater. Wie sich in Physik die Werte alle
immer widerspiegeln.

Viele Häuser haben Höfe,
die gebenedeiten, aber unsichtbaren,
und das sind die schönsten.
Es sind Atmosphären, Seelen,
in denen Divines blüht.
Nicht jeder sieht diese Höfe.
Nur die Tiere und die Kinder weichen
solchen Schleiern aus,
wenn sie bös sind.

»Herr Professor, schnallens Eana bitte o. Dank Eana!« Ich liebe München.

Der Rotwein-Pilot des Nachbarn holte mich aus der Versenkung meiner Meditatio. Grade als ich wußte, daß ohne ein bißchen Liebe alles fern bleibt.

Die Luft bleibt so unsichtbar wie gefühllos und grad in der Höhe bitterkalt, wenn man sie nicht Himmel nennt, also heiligt.

Und so ist's mit jedem Punkt.

Jeder Käfer, den man rettet, wenn er in den Keller fällt und man ihn beinah verhungert findet, wird ein Bruder. Er beißt mich, doch ich bin glücklich, wenn er im Gras wieder krabbelt ...

Der Familiensinn der Schöpfung ist ein heiligendes Wunder ...

Nun, mein armes Russen-Opfer rieb sich grad die Augen, als die Kleinmamsell von Flugzeug bumms, bumms, bumms gar nicht gekonnt elegant, sondern mühsam, hopsend aufschlug – oder -setzte.

Er fiel etwas vor und fluchte auf französisch, streckte sich und war ganz da.

Elegant mit einem Griff löste er den Belt vom Bauch, und als wir zu End geschaukelt und die Pforte sich geöffnet, sprang er auf, ganz jugendlich, und warf den Sack mit seinem Smoking über seine Schulter und griff flugs nach meiner Tasche.

»Hö, hö, hö ...«

»Doch, doch, mein Lieber, das bin ich dir schuldig!«

Er war zwar ein paar Minuten jünger als ich, aber à la longue ließ ich mir nix tragen, und so mußt mein treues, altes, schwarzes Necessaire unter penetranter Courtoisie zweier krummer Alter leiden, die die Tasche miteinander trugen, jeder ein Ohr, einen Träger in der Linken und der Rechten.

Auf die Art ging auch der Reißverschluß des geliebten, greisen Täschchens in die Binsen, und als wir den Bus erreichten, der die Passagiere in die Wartehalle bringt, sah man ihr tief in den Magen mit Rasierbesteck und Bürsten.

Aber in dem Bus, der ziemlich lang fuhr, womit eine Leidenspause für die alte Tasche eintrat (sie erholte sich am Boden), spielte sich eine kurze merkwürdige Szene ab. Mein Kumpan und ich hatten sich an eine Stange geklammert, die zum Anklammern gemacht.

Der Bus bremste. Unsere Nasen jedenfalls stießen beinah aneinander, und nachdem uns das erspart blieb, sagte er ganz unvermittelt weggedrehten Kopfes plötzlich: »Was ist göttlich?«

Ich war sehr entzückt, daß mein Same endlich einmal auch ein richtiges Ziel getroffen hatte und ein edles, denn der Mann war ja nicht dumm, ein Seigneur sozial von Gnaden, akademisch – und, besonderer Genuß, er hat nicht immer geschlafen!

So sagte ich, neu geschüttelt, denn der Bus fuhr wieder los. »Göttlich – ist divin.«

Er: »Ja, ja« (und dann kramte er in seiner Tasche). »Darf man hier schon rauchen?«

»Ich glaub nicht, wir sind gleich da ...«

Dann kam die gepäckliche Warteschlange.

»Und divin?«

»Ich erfand eine Methode, Worte in die Silben aufzuteilen, du verstehst, ich mein: zu öffnen, wie ein Mädchen, fürs Gebären.«

»Und sie hat geboren?«

167

»Ja, Divin. In den Tochtersprachen, etwa Deutsch und Englisch, wird das Wort durch diese Teilung tief-drin oder deeply in. Das ist göttlich. In den Tiefen deines Körpers saust die Gottheit diasporisch-elektronisch = auserwählt und aufgeteilt in deinen Welten ... Das ist Sinn und Chance der Schöpfung.

Aber kannst's auch anders teilen. Divin. Dann heißt es: Vom Wein. Nicht nur auf Rotwein bezogen, sondern auf den Rausch der Drehung, den Rausch unserer Rotation.«

Er: »Nun, die erste Drehung liegt mir näher.«

Ich: »Aber nötig sind sie beide. Denn Hypnose ist der Weg dieses Traums, der zu der Erkenntnis führt, und der Sinn, den ich begriffen.«

»Herr O.W. Fischer?« Ein noch relativ sehr junger Zollbeamter höheren Ranges trat auf uns zu.

»Ja bitte?«

»Sie muässen da net worten ...«

Ich war sehr gerührt, beschämt. In einer Episode, die ich vorhab zu erzählen, werde ich berichten, wie mir immer wieder nach dreißig Jahren nicht mehr öffentlichen Dienens diese Treue widerfährt.

Ich fragte den Ex-Kollegen: »Haben wir was zu verzollen?«

Der Beamte führte uns durch die hochnotpeinlichen Kontrollen. Bei der Waffensuche piepste nur mein Taschenschlüsselbund, und daß er den Paß zeigen mußte und ich nicht, war schließlich auch bald vergessen und verwunden.

Glaubt ich – München, herrliche Stadt.

Eine alte Freundin, Talkshow-Lady, Partnerin aus vielen Schlachten, saß gemütlich mir zu Füßen, und wir schwiegen von alten Zeiten im geliebten Munichen, München, »Mönchien« hieß sie wohl damals, diese Schönheit an der Isar um die Frauenkirch.

Festung eines harten Gottes mit dem Schalk im Augenwinkel.

Die Chefs des Hotels hatten mir exzellente Bites spendiert und raufgeschickt. Sie fütterte mich damit, und ich schaute ganz verzaubert rings im Kreis. Das Haus war seit letztem Mal aufgestockt, man sah, man sah gebannt ringsum alle Silhouetten herrlicher Türme, uralt, Kirchen, Pulverspeicher, steingewordne Engel, Teufel, Wasserspeier und Gebirge. Ihre Geister schickten uns von Etappe zu Etappe. Lehre, Lehren, die versanken. Bei Gott, herrliche Gerippe.

Wer weiß noch – mir kam's so vor, wenn ich mir Franz Josef Strauß vorstell, brustgepanzert, beingeschient auf dem schnaubendschwarzen Schlachtroß, hell und kräftig in Latein, den politischen Gegner schlachtend, Bauerncharme, ein alter Römer – wer weiß noch und wieder schon, daß die Ahnen Julius Cäsars von hier, von der Isar, kamen und die Griechen von der Donau und die Kelten flott vom Rhein. Vordergründig ganz vergessen, innen aber lachte etwas.

Das Gedächtnis macht Geschichte, sicher nicht die Propaganda. Die enthüllt sich bald von selber. Die Erinnerung ist was andres. Die gräbt sich ins Innere, wo der Mikrokosmos schaltet. Da wird nie was abgewaschen. Dorthin kommt auch keine List, und wenn, dann verglüht sie wieder.

Aber Propaganda, Dio mio, wie man trickst und andre miesmacht, die man nicht erreichen kann.

Da lugt oft ein Würmchen aus den Früchten heiliger Arbeit. Das wird rausgeschnitten, ausgespuckt, wenn man's doch ißt aus Versehen, geht es eben den andren Weg und wird Dünger für was Besseres.

München – Riem. O Gott, ja.

Eine liebe, alte, große Liebe aus der Filmzeit, und der Russe und die Alben für die Autographen warteten schon in der Halle ...

Küsse, Kritzeln, Fotografen. Auto. Ich saß vorn. Es war schon ein bissel dunkel.

Das macht es der Phantasie leichter, mich zu sehen als junger Bursch in diesen schmalen Gassen, vor – Moment, vor sechzig Jahren, Schnurrbärtchen, der adelige Regenschirm, und zunächst gar nicht erfolgreich, Kammerspiele, Falkenberg, Maximilianeum, Hitler gabs schon auf dem Thron und sehr viele Schwarm-Touristen. Eine wirre, tolle Zeit. Thomas Mann – längst weggegangen – war doch einer derer, die aussagten, die Demokratie sei undeutsch. Galt das nach dem Ersten Weltkrieg nicht für ganz Europa, wo es so viele Arbeitslose gab, und den Überdruß an Reichtum, den man gar nicht so sehr schätzte. Nein, die gute alte Zeit war schon »g'müatlicher«, gell. Ich mußt dem norwegischen Professor und der schwermähnigen Friesin mit den wasserblauen Augen explizieren, wo der Wert der Freiheit liegt; wenn da einer stirbt, kommt der nächste, und selbst Unkraut hat die Kraft zu gedeihen, weil es frei ist. Zucht geht recht bald vor die Hunde. Man begegnet seiner Liebe stets durch Zufall. Das verstanden sie in etwa.

Überm Kontinent lag viel Wurstigkeit und Vergnügungswut und -eifer, und die Ärmeren, die sich das nicht leisten konnten, wurden eben Kommunisten und Faschisten, erstens aus sozialen Gründen und weil jeder Sinn gefehlt hat. Jeder Schäferhund will wachen, jeder Ziegenbock will springen, wozu leben? Ohne Sinn? Weil man Hunger, Durst und Triebe in sich findet und der Tod von ganz allein kommt.

Nichtdenken war angeboren – aus den genannten Gründen, und es führt ja auch zu nichts. Es muß einem etwas einfallen und begegnen. Mädchen, Bursch, ein bißchen Glück ...

Eigentlich war's ziemlich ähnlich unserm Heute. Nur das Heute hat doch mehr Lebensfreude. Sansculotte? Vor ein bißchen über zweihundert Jahren war das Ohne-Hosen-Gehen beinah vornehm. Da ging es noch um Kniehosen. Heut schneidet nur ein bißchen Stoff noch zwischen unsre Beine.

War jetzt unsere Freiheit sicherer?

Ach nein, es geht gar nicht um den Po. Das glaubt nur die Model-Mode.

Es geht um die Luft der Freiheit, die in einem ist. Es geht ums Begreifen, was es soll. Verflucht, juchhe!

In vergangnen Zeiten diente man noch höherer Einsicht, die gehorchen ließ und blind glauben.

Heut war das alles doch längst beim Teufel.

Der VW war ja kein Engel.

Er soufflierte einem nicht, wo man hinging, wenn man wegging.

Lenin, Hitler, die verboten das Denken ganz, und das brachte Linderung durch Gehorsam.

Und dann fuhren deren Wagen in den tiefen, dicken Schmutz, den Morast.

Gulag, KZ waren keine Lösung.

Konnte man ein bißchen helfen, aus dem Dickicht rauszufinden?

Konnt man ihnen sagen, daß in jedem alle Macht liegt, denn die ganze Welt war in ihm. Doch zu der konnt man nur finden, wenn man das Erstarrte löste, wenn man ohne Flieger flog, wenn die Phantasie dich wegtrug und die Atmosphäre und die Auren. Waren dazu diese unsere andauernden Untergänge da und das stereotype Sterben, daß man sich jetzt endlich fand? Im 20. Jahrhundert gab es doch noch etwas andres als den Stalin und den Himmler. Es gab eine Doppelhelix und die Findung, wir sind alles! Jeder ist das ganze Universum innerer unfaßbarer Kräfte. Und bewiesen! Warum merkt das keiner, nimmt niemand davon Notiz?

O ja, jede Biegung kannt ich in dieser geliebten Stadt, wo ich das vor vielen, vielen Jahren schon gedacht hab.

An der Isar waren die Alleen jetzt schon besser asphaltiert, und auf einmal funktionierte der Traum meiner heutigen Erkenntnis, meines Flugs und meiner Sehnsucht nach der Welt der Wolken nicht mehr. Denn das Fieber meiner Jugend, meines Hier-einmal-

Berühmt-gewesen-Seins – und fast glücklich, ließ mich tiefer, schneller atmen auf der, o Gott, so verwandten Straße, hinaus in das alte, liebe Grünwald.

Es gibt eben Gegenden, wo sich eines Lippen öffnen, wo man schöner, leichter wird; wo man einbiegt ins Vergangene, wo, wie sagten wir grad eben, wo Er-innerungen klingen.

Hö, hö, das war die Portierloge, die war umgebaut, wo ein mißgünstiger Gegner, Anhänger von weiland Borsche, den Schlag erst im letzten Augenblick geöffnet hat, Jahr für Jahr.

Da konnt diese mythische Karriere nichts dran ändern, nein, kein »Tornau« und kein »Ludwig« und kein Hollywood-Desaster und kein »Bluntschli« – der blieb Feind, was immer kam. Manch einer hat halt Charakter.

Und dann öffnete sie ihre Kleider, die Frau Bavaria, die Gelieb-te, die mich trug, die mich aufhob, eine strahlende Amantin, präch-tig bayerisches Dirndl, sie war ich, und ich war sie ... 75 wär sie heu-te. Menschen werden in dem Alter oft viel kleiner, runzeliger.

Als ich heut hier abends einfuhr, mein Gott, sie war auch viel kleiner. Eingegangen in der Wäsche. Alles, trotz des unsympathi-schen Hollywood-Spektakels mit Scheinwerfern, die man hier ein bissel provinziell eingesetzt hat, grau und mickrig.

Jetzt kam ein Hof, den ich auch nicht mehr kannte, der sah aus wie Hollywood als Hühnerhof und die Hühner als Fasane rausge-putzt und rausgepudert.

Das Weltdorf in Kalifornien war schon übertrieben lousy; wenn sich die Kulissen hoben, glichen Agentur-Büros angemaßten Wan-zenburgen, und man konnte sich nicht vorstellen, wie hier Laughton König wurde und die Garbo Weltprinzessin, und wußte, warum der Kaiser Joseph das Theater adeln mußte, um ihm den Gestank des Seins und Scheines wegzunehmen ...

All the world war doch Theater.

Welcher Überadel edler Einfachheit mußte manches Wesen tragen, Künstler, Hund, Katz, Mensch und Pferde, daß die unfaßbare Wahrheit doch, o Gott, über uns lag, wenn auch tief verhüllt und weinend, wie das Mutter-Urelektron.

Welch ein Glück, dann blendete mich die Armee von Blitz-Licht-Feuern, und blind stieg ich in den Trubel und den Wirbel billiger Buben und maßlos entblößter Brüste.

Tränen kamen später erst, vorerst hatte mich die Erde wieder und die unbewußte Wut, daß ich sie genau durchschaute.

Jede ihrer vielen Fragen hatten noch im gleichen Atem eine Antwort, die die völlige Routine unvorsichtigerweise kränkte. Alles ging unters Niveau, was die Knipser wissen wollten. Wie dumm von mir mitzuspielen. Es machte mir immer noch so ein ganz klein's bissel Freude und ließ bei den anderen Rache keimen, daß der Alte diesbezüglich immer noch kein ganzer Greis war.

Rache?

Ja, für diesen Abend kam sie schon am nächsten Morgen.

Die Filmhalle, wo die Fete stattfand, war, nach leerer Filmhallen-Art, öd und leer, Kulissenwände ohne jegliche Kulissen, oben auf dem Bretterpodium plärrte eine Jazz-Kapelle ausdruckslose Melodien.

Dann kam der Einzug der Chargierten. Ungekonnt und degagiert, wie der Leichenzug Franz Joseph Habsburgs, der den armen Edelmann ehren wollte, aber an sich demonstrierte er nur die traurige Auflösung des Reichs Mozarts, Beethovens, Schuberts und der großen Strauße.

So erschienen meistens Feste der Moderne.

Es ist alles aus.

Was gewiß nicht ohne Reiz ist.

Es ist alles so natürlich.

Selbst die Roben schlitzen sich ganz organisch, sprich poförmig, jetzt bereits fast unterm Po. Das wirkt babyhaft bereit und erspart selbst Unterwäsche.

Also, in zwei Logen, zwanglos traf sich unsere glorious three + one crew. Ich war drin das einzige Mannsbild. Sie haben schon bemerkt, ich nenne keine Namen von Lebenden.

Man wird frei erst, wenn man tot ist, war seit je die große Hoffnung der ganzen Humanitas.

Im Zusammenhang mit »Keine Namen nennen«, darf ich eine hübsche Story inserieren.

Im Dritten Reich trafen in Wien sich (hier kann ich Namen nennen, denn beide Akteure leben nicht mehr) der geliebte, große, schwule Klassik-Darsteller Raoul Aslan und der Reichsminister der Propaganda Dr. Goebbels, anläßlich, na, is ja Wurscht weshalb, und da sagte (beide Herren im Frack und beide von neidlos großer Strahlkraft) also Goebbels: »Aslan, ich habe Sie gestern in ›Coriolanus‹ gesehen. Es hat mir gefallen.«

Aslan: »Warum sagen Sie das, Herr Reichsminister?«

Goebbels: »Warum soll ich das nicht sagen?«

Aslan: »Weil Sie in der Loge laut vernehmlich sagten: ›Diese schwule Sau.‹

Goebbels: »Ach, das ist doch Tinnef, wer sagt das?«

Aslan: »Man sagt es.«

Goebbels: »Nennen Sie mir Namen.«

Aslan: »Ein Wiener Kavalier nennt keine Namen, Herr Reichsminister.«

Darauf hatte unser kleiner Bluthund drei Sekunden weniger Strahlkraft. Daß er diesem großen Mann nicht darauf gleich seine Kehle durchbiß, gehört zu den guten Taten dieses, ach, so kurzen Daseins.

Sie verstehen das Intermezzo. Es ist schön.

Ich nenn also keine Namen. Sie erraten, s' ist ganz lustig. Auch nicht sehr diskret. Aber man bleibt ohne Tadel.

Also, von den Altstars trat als erste, am Arm unseres Moderators, Conférenciers des ganzen Abends (netter Mann!), eine echte Dichterin auf. Sein, des Moderators, einziger Fehler war das gar nicht einmal sehr unsympathische »Amerika über alles«, das das »Deutschland über alles« in Germanien abgelöst hat. Das versteht man, aber »über-alles« ist in beiden Fällen übertrieben, oder sagen wir, ein bissel stolzlos. Obwohl ich, bei aller schrecklichen Erfahrung drüben, grad wohl Amerika so schätze, seine Jugend, Riesenkraft, seine Naivität. (Grad hör ich im Radio, wie der noch waidwunde Clinton den Milosevic erledigt.) Wo blieb unser Kontinent schon zum zweiten, dritten Mal ... Long live Young-Amerika, trotz der Billy-Sex-Komödie und der geistigen Pornoschmach des Kongresses, der das unschuldige Sexlein aus parteipolitischen Gründen überhaupt ins Leben rief, es bekannt gemacht hat und so schuldig wurde, es verschuldete.

Mein Gott, es passiert so viel auf der Welt, daß für unsere Geschichte kaum noch etwas übrigbleibt. Ich verspreche also dichterische Disziplin in Zukunft.

Diese Dichterin war erschütternd, tapfer, gepiesackt vom Leben, x-mal schwerstens operiert.

Als wir uns nach so vielen Jahren wiedersahen, merkte ich, sie hat mir London nicht vergessen. Aber ich hab ja versprochen, keine Nebenstory mehr. Das kommt mir jetzt grad gelegen. Ich hätt es eh nicht erzählt ... Ich betrachte sie lieb und stumm. So vor 63 Jahren, ja, ich war damals grad zwanzig, wurde ich zu Probe-Aufnahmen nach Berlin gerufen. Noch Hochschüler, kaum Theater! Und da sah ich auf dem Filmgelände neben einem hübschen kleinen und bekannten Filmboß dieses Mädchen stehen.

Ein Mirakulum an Aussehen.

Ohne Zweifel bis heute das schönste Weibsbild, das ich je gesehen.

Einen Körper wie ein Heidelied aus Pommern (weiß nicht, gibt's dort eine Heide?). Na, egal, eine überirdische germanische Gottheit. Ihre Augen warfen beinah schmerzhaft weite Strahlen. Und sie schrieb ein wundervolles Buch. Gott erhalt sie.

Die zweite Matadorin unserer Altersregie kam, fester, kleiner, doch vom Darstellerischen her zweifellos die größte. Die geborene Konkurrentin, wo sie konnte, und auch sonst. Sie werden's gleich sehen, als Schach-Springpferd problematisch.

Alles ist vergessen, was Unschönes je gewesen zwischen uns, auch an diesem Abend ...

Ich ruf ihre Engel, daß sie sich gegen's Dunkle stellen, daß sie endlich thronen kann, auf der Alm, so nah den Göttern, pardon, den Stars, die sie liebte. Denn das Große, das in ihr ist, hätt es endlich jetzt verdient.

Ja, und dann kam noch eine ewig Schlanke, Giovanile, Bernerin, ihren Namen soll'n Sie nie erfahren, man hört sie von selber lachen ... Und auch sie, das Sonnenkind, hat ein dunkler Strahl getroffen. Kind und Mutter sind ein Leib.

Die lieb ich als Kumpel ewig. Relativ, ach ja, natürlich. Jedes Schicksalsfell ist fleckig ...

Und dann kam das Festprogramm.

Als ich jung war und die Bambis durch die silbernen Wälder flitzten, sicher, ja, die Preise sind, da sie von Subjekten stammen, meistens durchaus subjektiv, wer grade oben ist, dem klappern sie um Ohren und Brüste, und wer nicht en vogue war, wie van Gogh etwa, der wird eben erst post mortem heilig. Aber damals vor so vielen Jahren ging es vorher feierlich zu wie bei Messen, na gut, Messen, aber doch, man spielte Wagner oder Brahms, und erst später grinste man, bis einen die Wangenmuskeln schmerzten zwischen Blumenstrauß und gekonntem Händeschütteln.

Das Fest der Bavaria war ein Jahrmarkt, und ich murmelte auch Unmut, bis die »Dichterin«, die vor mir saß, sich umdrehte und mir »Fundamentalist« zugezischt hat ...

So strenggläubig wie ein Mullah war ich gar nicht, aber arme Entertainer g'hören auf die Kleinkunstbühne von Old-England. Später hatte ich einen »Knatsch« mit der Dichterin vor versammelter Korona auf der Bühne, was ein wenig frischen Wind ins rein Hergebrachte brachte. Ein Blatt lobte uns dafür, daß wir in die ekle Süße Petersilie gebracht haben.

Dann kamen hervorragende Excerpts unserer alten Filme – als das beste Gestrige, wirklich gut, aus »großen Zeiten«. Daß es die gab, wußt man gar nicht mehr, und als die vorüber waren und der, wie gesagt, sehr gute Conférencier again Süßholz à la Zeitgeist raspeln wollte, »daß ich diese Dichterin privat abgeholt etc.«, hielt ich eine lange Rede, wie's denn damals wirklich war, als Bavaria noch jung war und wir, das genannte Vierergespann, auszogen, um mit ein paar Welterfolgen das, was im Zweiten Weltkrieg zerstob, wieder aufleben zu lassen. Dieser deutsche Film hatte doch Murnau, Jannings, Bergner, Lubitsch die Filmwelt verstehen lassen, sie zur Kunst gemacht, bevor so viel flöten ging im Mordzug. Was gab's da an Bergner, Forster, Veidt und Ullrich, Wessely, Klöpfer und George (sein Sohn saß da in der ersten Reihe und der andere »Liebhaber-Star« mit der hohen Stirne »Faustens«).

Und ich redete von »Hanussen«, den ich inszenierte, und dem »bösen Regisseur« Tornau, der sensationierte in Paris und in Italien, und von König »Ludwig II.«, mit dem mich Amerika geholt hat, wo ich krank geworden war, »Munthe«, der Italien, »Kaviar«, der Frankreich im Sturm eroberte, und erzählte, daß ich nie von hier, hier von München, hätte weggehen dürfen.

Es war meine einzige, beinah völlig ungetrübte, strahlende Zeit im Leben. Wien, ja, das Theater mit Hebbel, dem »Demetrius«, Schiller, Zuckmayer und Hauptmann und der ersten eignen Wohnung, aber hier in Irschenhausen ob der Isar, gleich neben Bavaria, hier erlaubte mir das Schicksal, ein entzückendes Haus zu bauen, Rußland, Spanien, Indien als Star zu erobern und, mein Gott, glücklich zu sein, was mir im Grund gar nicht lag. Nani, meine Frau, war jung, und wir hatten neun, neun Katzen ...

Einer, der zuviel getrunken hatte, lachte, und ich sagte: »Ah, na, Freunderl, die haben alle lange Schwänze und vier Haxeln g'habt. Wären's Katzen mit zwei Beinen g'wesen und einer Ehefrau, wär i bestimmt neamer am Leben.«

Kinder, da war ich nun wieder in dem alten Element der geheimnisvollen Schwingung, vor so ein paar Hundert oder Tausend, die fast offnen Munds dasaßen, ah nein, hinter den gespenstigen Kameraaugen, deren Mystik sich so einsaugt, sind's ja Millionen, die mitleben, wie da in dir etwas leise, leise Blitze lostritt.

Stellen Sie sich vor, mich hat das sehr ruhig gemacht. Ja nicht stören, ja nichts merken lassen, daß man gar nicht selber redet wirklich, es ist eine andre Schicht, eine Zone, urgewaltig, heidnisch, die dich und die Millionen leise macht, daß die inneren Stimmen reden.

Und man ist »am besten« Kind, wenn man diesen Schichten sich schenkt und die Schleier in den Riesenräumen fallen, die uns ineinanderzaubern.

Manches Mal geschieht's.

Wissen Sie, dazu muß man schweigen lernen, um ganz ungehemmt zu reden.

Es ist irisierend,

irisierend ist der Eros dieser Ars dramatica.

Irisierend? Ach, verzeihen Sie, was ist das? Irisierend. Na, die Wissenschaft sagt, das heißt, ob Sie's glauben oder nicht, das heißt, Wolken bildend, Wolken, deren Ränder perlmutterfarbne Lichterscheinungen bilden. Wie Meteore. Wir haben alle Regenbogenhäute. Manches Mal entzünden sie sich.

Der Eros der Natur frißt auf. Das ist sein Wesen und sein Sinn.
Man stirbt und wird und klammert sich an seinen eingebornen Tod,
damit der einen da wegträgt, aus den dunklen Wolken, Wogen tiefer – tiefer,
    alles ist in einem,
    manche haben's gefunden,
    Dämonie wurd wahr.
    Jedes – Natur ist ein Universum –,
    alles fliegt,
    gebunden in
    rasenden Runden, nein,
    kein Märchen!
    Dieses Märchen ist belegt
    und ohne Ehrfurcht hochgerechnet.
    Wir haben's gewählt, das Leben, und
    das ist das Resultat.
    Ich hab's – bis jetzt –
    in manchmal schauerlicher Weis
    genießen müssen
    und bin daran gewachsen
    wie ein oft mißhandeltes Kind.
    Eros ist Werden, fand ich.
    »Erò in den alten Sprachen heißt:
    »ich werde – sein.«
    Geburtswehen sind entsetzlich-lustvolle Orgasmen
    – welche Mutter wüßt's nicht,
    daß der Schmerz so weitergeht. Und
    das schlangenhafte Schöpfungsmädchen
    Nut spannt einen weiten Bogen,
    bis immer wieder ein Osiris aus dem
    Nil taucht
    und Isis in jedem Augenblick gebiert,

myriadenfach, denn alle Wesen sind
Geschwister.

Wie im Eros eines Werdens die Natur sich selbst entblößt,
umarmt und die Fuchtel schwingt, sollte an dem Abend dieses sym-
ptomatischen Tags ich, bezeichnend für mein ganzes Leben, nun in
Gottes Namen wiederum erleben.

Jubel brandete noch an die miese, hölzerne Empore und in die
Herzen der antiken Schlachtrösser darauf, die wie die Monarchen
oder Kommißpferdchen oben wieherten und winkten und strahlten
mit manch alten oder neuen Zähnen.

Es herrschte soviel Freude, Hoch, Hurra, die ehrlichst waren und
glaubten, es gäbe halt wieder einen Kaiser in dem alten grauen Alltag.

Und da trat, oh, wie konnt es anders
sein, die Nemesis
ganz leise
in die Halle.
Irresistibel war sie da nach dem Donner –
Feuerwerk des Gelächters und der Hände,
nach ein bißchen ausgelassner,
nur so, Freude an der Freude,
schlug sie zu, und schlug es ein.
So ist das. So war es immer.
Was war geschehen? Wie? Die
meisten merkten anfangs gar nichts.

Die, wie nannten wir sie in dem Anonym-Spiel, diese Größte an
Darstellungsphantasie, diese blonde Dame, hatte eine, auch für
andre, sehr fatale Schwäche: Bühnenshow und Propaganda. Das
war nicht zu überwinden in ihr, diese Seiltanzexhibition,
dieses Hollywoodle tangle, dieses
Cheese-cake-grüezi-wohl.
Das wurde dem Abend und mir zum Verhängnis.

Wir waren alte Konkurrenten, Freunde, manchmal auch Geschwister.

Flirteten, wie's plakatierte movie-lovers number one auch privat, halb aus Gewohnheit, nach der dargestellten Liebe weitertun, auch ohne Bühne ...

Aber sonst war sie leidenschaftlich Komödiantin, und ich liebte den Beruf nicht. Die Berufung manchmal sehr. Ja, natürlich auch den Vorteil zu verdienen, viel zu verdienen, aber nicht für dummen Luxus, für Kultur, als Mahnmal um uns. Da wird's Pflicht und der Beginn, dieser Primitivierung zu entsteigen, raus-zuwachsen.

Damals, als wir beide längst angefangen hatten, alt zu werden, und die Dinge für die von mir immer sehr verehrte Künstlerin lang schon nicht mehr so gut liefen, hat sie mich oft angerufen.

Doch da war ich ganz weit weg von der Schauspielatmosphäre, eingekapselt in die splendid isolation eines frohen Göttersuchers, suchte den Sinn als Betrachter und tat das als heiterer Maulwurf, dem die Oberfläche fremd wird ...

Maulwurf oder Vogel oder leichter Zweig im Wind.

Einsamkeit war meine Schule und die erste, die ich liebte.

Ich, der nie etwas gelernt hat, weder als Kind noch als Bub, noch als Jüngling, lernte als Greis plötzlich alles vom – Nichts. Wahrscheinlich war's immer so, aber meistens weiß man's nicht, und, Herrschaften, – das Nichts ist sehr exklusiv. Mit dem muß man ganz allein sein. Dann erzählt's einem so viel.

Anrufe, die mich immer freuten, denn Schwesterlein Maria war ja künstlerische Heimat. Man ist weit, weit in der Ferne und hört immer gern vom früher, aber eben ...

So erzähl ich ihr von Poldi, meinem Kater (ich muß da dazwischen sagen, ich bin gar nicht ein unbedingter Tiernarr). Gut, ich schäme mich vor Tieren, ich dreh ab, wenn ich ein totes Schwein im Fernsehen seh, ich schäm mich, daß ich ein Mensch bin, daß ich die verwandten Säugetiere fraß wie jeder, aber ich taxier sie als Individuen, und wie manches nackte Zweibein mir höchst unsympathisch ist, lieb ich Tiere, doch nicht alle.

Aber, wenn ich sie vorbeiziehen sehe, spielten sie in dem Leben doch bei mir die größte Rolle. Die meist stumme Sprache, die sie sprechen, ist doch unsere eigne, nächste: telepathisch! Menschlich habe ich von Anfang an sehr viel gewußt, aber drüber, drunter waren sie, die Tiere, Meister. Sie sind unsrem Ziel so nah. Kennen allen Tod viel besser. Ihre Prüfzeit, das Hiersein, ist viel kürzer. Hat man etwas oft erlebt, liegt es auf der Hand, chiaro. Ich erzählte ihr, der Freundin, Ex-Kollegin, Weggefährtin, wie ich völlig ausgelaugt bin von dem mächtigen Tod Kater Poldis, den Erscheinungen im Raum. Nach fünfjährigem Todeskampf und zig Krebsoperationen war er für mich reineres Leben. Unberührbar seine Näh.

Niemand durfte ihn mehr stören. So leise war unsere Liebe.

Er war wie ge-bene-deit = gut-ge-sprochen, aufgehoben.

Ich hoff, es ist mir gegeben, in weiterer Niederschrift zu berichten, was in mir um ihn geschah.

Es wird, so hoffe ich, niemand mehr an meiner Seite so zu leiden haben. Wir haben uns versprochen, im Innersten allein zu bleiben miteinand. Kann man da sagen, ich kauf mir rasch eine andre Bestimmung, eine andre Liebe? Ich hab das der Freundin, wie gesagt, einer Bedeutenden, versucht zu übermitteln. Sie hat es, wie es sich herausgestellt hat, nicht begriffen.

Was Tiere im allgemeinen anbetrifft. Die meisten von uns sind Rassisten. Sie glauben, wir, die beinah unbehaarten Zweibeiner, sind bessere Viecher. Worin? Wodurch? Im Schlachthaus oder auf der Treibjagd?

Und die Menschin sagte:

»Ich schenk dir eine andre. Und dann wirst du staunen, wie rasch man vergessen kann.«

Meine Reaktion in solchen Augenblicken ist Erstarrung.

Und ich sagte: »Wenn du das tätst, wäre unsere Freundschaft ganz sicher zu Ende.«

Jeder hat seine Gesetze. Ob man das begreift, ist für den, der drunter steht, nicht so wichtig.

Das Erlebnis mit dem Poldi war für mich eine heilige Sache. Ich sagte ihr das immer wieder. Sie gab mir ihr Wort, daß sie sich dran halten werde, das wenigstens nicht zu tun.

Denn sie spielte viele Streiche.

Und jetzt den. Das!

Für eine Bühnenschau wurden zwei lebendige Kätzchen, kaum geboren, noch ohne persönliches Leben, unbewußt, hereingetragen für geschäftige Kameraleute, und ich, der ich grade noch so viele Leute amüsierte und sogar in einen Rausch versetzte, beinah achtzig, wie einst im Mai, ich erstarrte körperlich! Sie hat doch geschworen, mir so was nicht anzutun. Ich sah mich im Film dann leblos, wie ich stammelte: »Ich kann nicht, kann nicht. Nein, ich bin zu alt für Kinder. Tiere sind für mich ja Kinder.«

Sie, die Dame, sprang dann auf, und sie weinte bühnenwirksam. Jemand trug den Tierkorb weg. Man half mir vom Treppchen runter, gratulierte zu dem Auftritt. Und ein paar Minuten später war's vorüber.

Diese beiden Katzenkinder kriegten eine wunderbare Mutter, eine große schöne Frau, Freundin, jung. Sie haben's paradiesisch.

Damit ist die Story eigentlich zu Ende. Das heißt, wäre es bei einem andren gewesen. Bei mir dauert sie schon ewig. Wann fängt eine neue an?

Ich kenn niemanden, vielleicht Clinton, den die Journaille so sehr haßt. Dabei bin ich nicht einmal Präsident, weder jung noch äußerlich knusprig. Bei Clinton ist's – glaub ich – Unschuld, die so reizt, ein genialer ewiger Schulbub, der am Ende garantiert siegt. Aber eben, so hübsch wie der ist und wie's Kritiker meist nicht sind, so ist auch deren Rache. Oral hin und oral her, möchte wissen, was dran schlecht ist: hinter dicht verschlossenen Türen, zu zweit, macht das beinah jede, die gefällt und der's gefällt. Genug. Bei der nächsten Wahl ist der schon wieder ganz obenauf oder drauf oder was immer.

Ah, es ist schon passiert. Das ist gut.

Bei mir liegt die Sache etwas anders, altersbedingt etwas höher. Obwohl irgendeiner auch mir unterstellen wollte, ich sei ein ganz toller Wüstling. Aber der, der das erfand, hat inzwischen Hausverbot gar für seine Lieblingsbälle.

Nein, nicht meinetwegen, diesmal wegen der Schmusekatze von Bill Clinton.

Wie sich alles kreuzt im Leben. Und wie höchst erstaunlich doch am End die Wahrheit siegt. Das läßt hoffen.

Aber Sex ist nicht so wichtig, das machen die Medienbosse ja doch selber – spätestens zu Hause ... Ärger wird's in meiner Branche.

Sinn und Gott und Götter-Suche sind im Grunde ja viel schlimmer. Sexrummler und Moneymaker wollen ja, daß jeder bald so ein Schweinchen wird, wie sie es in Mode brachten, und Zerstören macht Vergnügen. Glauben Sie's nicht? Nehmen Sie zum Beispiel nur ein Paar, das sich grad gehauen hat, kommt ja oft vor. Wenn sie fertig damit sind, vorher oder nachher, hauen sie im Zorn noch etwas anderes zusammen, Vasen, Nasen, oder einer entzündet einen kleinen Weltkrieg. Das kommt alles aus der Ecke. Wissen Sie, die Fütterung des Raubtiers, Mensch oder Wasser, Hurrikan oder Luft, ja, auch dieses Götter-Elixier. Es verbrennt, erstickt zur Hälfte, was sie schuf, muß sie wegraffen, was entstand, geht so zugrund, in zwangsläufiger Bewandtnis.

Für die Hälfte fallen Götter, die den Tod als Lebensbad in sich tragen.

Lebensbad? Ja, Tode reinigen das Leben ... Wollen sich von dem erlösen, womit sie als Bild sich fragten.

Wer hat sich das ausgedacht ...?
Nach meiner Theo-rie waren's wir
selber, in dem periodischen
Himmelsherbst, wenn wir immer
wieder fielen,
suchten wir doch
Perfektion durch das Immer-wieder-
Leiden, in die Schmach Materie stürzend.
Und am meisten stiegen die, die am aller-
tiefsten lagen, im Elend zu liegen
kamen.
Nie war ihre Sicht so hoch wie aus jener
tiefsten Tiefe
und ihr Blick so hell wie der
aus dem Dunkel. »Leider« (als ein
Substantiv),
die gelitten haben, waren die aller-
besten Götter und Gebärerinnen mit dem
Höllenschmerz
da unten –
oh, wie lieben sie die Kinder.
Wir, wir selber suchen in dem Leid das Lied.
Zurück zu der Geburtstagsnacht der Bavaria.
Ja, die ganze Chose endete dann auch wie immer. Ein Acteur aus
Zürich wollte mir kaum mehr die Hand geben, weil ich Katzen has-
se (reine Idiotie).
Was ich schätzte.
Erstens war's persönlicher Groll, daß ein Mann des gleichen
Alters so berühmt geworden war. Und er nicht.
Da befriedigen erfundene, böse Dinge spät eine gekränkte Seele.
Gleichzeitig zeigte es auf, daß auch Dumme Tiere mochten. Das
schloß wiederum den Kreis.

Und ein Fernsehansager mit naiven, schwarzen Augen, dessen Sterne günstig standen (es gab keinen andren Grund, daß er recht beliebt geworden trotz peinlicher Koketterie), rief gar, mitten aus der Tagesschau, in den Äther: »O weh, Fischer!« Auch mit ihm hab ich mich versöhnt.

Ahnungslos in jeder Hinsicht. Aber mindestens ein Tierfreund.

Was gab's noch? Ja Gott, das Übliche. Eine Trara-Göre, gut skandal-dressierte Berufsverleumderin mit beschränkter Haftung, schrieb, ich hätt die Mimin, die mir diesen Streich gespielt hat, schwer gekränkt. Und ein bekannter Regisseur schlug mir vor, wir sollten miteinander etwas drehen über das, was sich grad hier abgespielt hat. Er gratulierte mir zur Brillanz meines Auftritts. Dacht, ich hätt das »inszeniert«.

Hatte ich bewußt agiert, war ich immer miserabel. Gab man mir den Raum zum Strömen, hörte man den Laubfrosch atmen.

Es hat alles, was ich darzustellen hatte, sich in mir wirklich ereignet.

Und – der hochberühmte Sohn jenes hochberühmten Vaters, den ich vorhin schon erwähnte, sprang auf die Bühne und rief mir Komplimente zu für so viel Schönes, das er heut durch mich erlebte. Es war kaleidoskopisch, und ich war immer noch gelähmt. Die »Abendzeitung«, München, brachte einen leuchtenden Artikel, »wie, wie bekannt es war seit Jahren, daß ich Tieren, speziell Katzen, alles, was von mir hier blieb, incl. Haus und Grundstück ausnahmslos vermache, daß die Katzen-Babys sofort eine wunderbare Stelle durch mich hatten«. Und daß man's sehr, besonders achte, daß ein Mann von beinah achtzig sich weigere, junge Tiere anzunehmen, daß er sage, »wenn ich sterbe (der Wahrscheinlichkeit nach bald – mich nimmt die Versicherung nicht mehr), brauchen die grad einen Vater.

Katzen – Hunde – Waisenkinder sind die Aller-Allerärmsten.

Ich hab sie im Tierschutz manches Mal krepieren sehen vor Schmerz, wenn das Herrchen starb oder ihre Menschenmutter.«

Die Poldigeschichte selber, die das alles überragte, hätte ich sie erzählen sollen –

als Odysseus bei Kalypso?

Nein, das Heilige bleib' draußen beim Gewäsch der bösen Buben.

Warum schreib ich das in einem Skript, das schon meinem Alter nach nur global gedacht sein konnte, nur dem Sinn der kurzen Spanne, die wir durchwaten müssen, gelten kann.

Die Notizen hier sind nicht nur Historie, Chronique scandaleuse und Memoire fast vergessner alter Tage.

Sie fragen natürlich auch, warum gibt's ein Kontinuum der Gemeinheit gegen einen, der bewußt nie Böses tat, sondern nur fürs Gegenteil gekämpft?

Und dies schon in jüngsten Jahren in der goisch-jüdischen Zeit?

Antwort:

Es gibt eine Mafia in uns für das Leben in Materie, einen Trotz für diese Schmach, die an jedem neuen Tag Millionen Brüder umbringt, um zu leben, bis hinauf in alle Galaxien unsres Kosmos mit den schwarzen Riesen-Löchern, wo die Untat maßlos wird. Wenn man schon so leben muß, will man sich dazu bekennen, will nicht hören, wie man lebt, will verzweifelt Märchen bauen.

Was wir jeden Tag erleben und für bare Münze nehmen, ist ein Film der märchenhaften Kurbel, die man arrogant und hilflos Rotation nennt und von der man nicht weiß, wie und warum sie existiert.

Man weiß nicht einmal, daß daraus unsere Sichtbarkeit entsteht und warum wir sichtbar werden und daß ein Punkt kommt in dem Leben, wo das Unsichtbare aus uns tritt: die Luft und ganz selbstverständlich mit ihr, mit dem sogenannten Himmel, den ·sie, diese Luft, selber bildet, ein auch physikalisch leichteres Sein anfängt und es mit dem Regen wieder niederkommt und das Untere erregt und erregt befruchtet, und Essenzen dessen neuerlich nach oben steigen ...

Religionen, beinah alle, haben das gefühlt, natürlich, es drängt sich ja auf.

Aber für sie waren das alles Geister, Götter, und auch das stimmt.

Es gehört zum Fatalen unserer Lehrzeit, daß wir als Ägypter, Neger, Inder, Griechen, Römer (was wir waren) Dinge fühlten, sagten, glaubten, die wir heute wissen.

Aber heute glauben wir sie nicht mehr ...

Das macht alles, uns vor allem, sehr banal. Das Elektro-Moses-Wunder ist heut längst kein Wunder mehr, aber wir sind dafür ärmer.

Denn wer sich nicht wundern kann, für den ist die heilende Auffahrt nur ein Nebelsteigen am Morgen,

was es ist,

aber nur, wenn man weiß, was das Bewußtsein, was der Glaube heiligt, das heilt einen.

Heißt die Seele nur mehr Luft, was sie ist, wird sie ein Treibstoff.

Lenin und die Wissenschaft sagen, eine Seele gibt's nicht. Der Verstand allein bleibt stehen, wie die Silbe »Stand« drin aussagt. Der Verstand ist eine Stufe und die andre unsre Seele, unser Atem ist das unsichtbare Flugzeug, das uns wegträgt, wenn wir sterben.

Den Gedanken hier zu End führen. Die Antike (außer den Brahmanen, deren geistigen Status keine anderen erreichten, Buddha war gar nicht ihr Höhepunkt, aber ihre schönste Blüte), also die Antike personifizierte ihre Geister, und ich find dran viel Gefallen. Ein Geist, der mich sehr berührte, kam aus einem alten Sprichwort, das die Großmütter gebrauchten: Nur die Ruhe kann es machen.

Ein Wort von brahmanischer Tiefe, weil es das Nichts und den Frieden und die Stille, also höchste, religiöse Zuflucht, liebenswürdigste Magie jedermanns in sich einschließt.

194

Wenn ich mir die Ruhe und das Nichts, den ersehnten Frieden vorstelle als höchste Kraft und nicht bloß als Abstraktum, seh ich immer eine Wolke, die ganz real auf mich zukommt, wie wenn ich (nur viel leichter) eine Fernbedienung einschalt.

So klapp ich die Augen zu, und schon liegt sie über mir, eine weiche sich anschmiegende Decke, die etwas von einer Frau hat, die sich über mich legt und mit zärtlich-heiterer Bewegung mich selbst weiter und ganz leicht macht und mich wegträgt ...

Dann versteh ich Hellas, wo Zeus, der Erotiker, mancher irdisch Enflammierten manches Mal als Wolke kam – und find, daß wir ärmer wurden, als wir Bilder uns verboten. Eros ist ja nicht der Sexus. Aus dem letzteren werden Körper, Kosmen, wie wir heute wissen.

Aus dem Eros aber wird Phantasie, das Wesen aller Dinge.

Und so kam es, daß das Christentum, das am Anfang orthodox war (und es immer wieder wurde), rausfand, daß die ganze Schöpfung göttlich sei, später hat sich dann ein Teufel rumgetrieben.

Ich würd sagen göttlich – im Sinn von genial – sicher.

Im Sinne von gut sicher nicht.

So, wie wir sie hier erleben, ist sie so maßvoll maßlos, ungebändigt, einer Urgeburt entsprüht,

kreis-ig.

Etwas, das der Volksmund völlig unbewußt geprägt hat »schrecklich-schön«:

Tobend gegen seine Grenzen, die nicht nur durch unsere hauchdünne Haut gegeben werden, sondern selbstverständlich durch den inneren, eigenen Magnetismus rasender Bewegung – also durch Magie, die doch, von der Wissenschaft streng geächtet und verboten, unsere Existenz bedeutet. Der Makro- wie Mikrokosmos, physikalisch nur gesehen, ist ein einziger Hexensabbat.

Die Physik ist, was man sieht und woran man wirklich glaubt, aber trotz großartiger Forschung nicht in einer Phase kennt. Es rotiert ja doch in Tempi ... die unendlich viele Male über das Begreifen gehen.

Man stellt fest, ein Niels Bohr stellt fest, daß sich unsere Teilchen drehen mit Myriaden Kilometern die Sekunde in uns, aber man schaut trällernd weg von der eignen Erkenntnis. Die Entfernungslosigkeit des Fernsehens läßt man gelten. Man sieht da die Sexy-Girls strippen, aber wieso man sie sieht und daß man es selbst erfunden, davon will man gar nichts wissen.

Ganz normal, daß Mikrokosmos-Makrokosmos zeit des Lebens sich nicht entkommen. Man will's gar nicht, das wär ja, meint man, das sichere Ende. Man glaubt nicht einmal, daß man, wiederum physikalisch, wie der Regen und das Gras wiederkommt, wenn man gestorben.

Man will nur, daß sich nix ändert, und grad das erreicht man nie.

Der Materialismus etwa war eine recht wichtige Klasse unserer Schule hier auf Erden. Doch als die Matura nahte, sprich, als er dann an die Macht kam, hat er sich selbst abgeschafft mit den eignen Diktaturen. Er verlangte blinden Glauben, den er aus der Welt entfernte. Aber Menschen kann man ja im Grunde nie besonders ernst nehmen. Oder?

Innen Mikro, doch kein Makro, läßt ja nichts Besseres hoffen. Wie ist es denn wirklich?

Keiner glaubt, daß die Kraft der Materie nur auf Auferstehung wartet im Aufdampfen in die Himmel. In der Luft liegt ihre Freiheit. Aber dazu, nein, zu jeder Freiheit braucht es Selbstzucht.

Laisser passer oder Chaos bringt die nie! Ist Freiheit – Zucht?

Ja, daß die Hölle Himmel wird, muß man sich verdienen, sich abringen ganz persönlich.

Erst durchschrittne Höllen machen einen Himmel stark.

Das Märtyrertum der Christen hab ich hier an mir und Tieren oft erlitten. Hat man es erlebt in Begegnung mit Erlösten, gibt das Lichter in der Nacht.

Existenzen sind wie Mutterleiber. Sie zerbersten, und aus ihnen
wird was Neues, das Uraltes in sich trägt und verwandelt. Alles hat
nur sich erfunden mit veränderten Gesichtern.
Daher ist der Echnatonsche Ein-Gott
nur der Ursprung einer Einheit,
in der Vielzahl der Systeme
die das endlose Weite sind,
das ausschwärmt und wieder zurückströmt zu der Antwort auf die
Frage: Wer bin ich, was soll's, was ist meine nächste Suche?
Für den einen ist's das Gute, für den
andren die Kraft, die sich messen
kann an einem.
Und doch ist's kein »wüster Garten«.
Das Elektron, das wir fanden
als unsterblich und präzisest alle Grenzen
überwindend, ist ja unser grandioser
Baustein, sicher auch für anderes als für
Spielereien wie Fernsehen.
Man muß seinen Sinn finden und seine Kraft.
Durch den Big Bang, fand ich, ist ein
jeder Gott und König
für die Zeit, die er besteht.
Dann fliegt alles auseinander, und
die Teile werden wieder
weiser, klüger, neu gefangen.
Ein System, das ein Bewußtsein,
wenn sich's dahin durchgerungen,
glücklich macht
durch das Gefühl, daß es seinen Sinn gefunden,
und was sich ihm anvertraut.
Die Diaspora, die Viel-Zahl, lebt
in jedem, der gefallen.

So kann einem Schmach gefallen und so
kann man weiterschweben.
Die katholische Kirche, in die ich hineingeboren, hat mir lange
nicht gefallen. Mittelmeerisch orientalisch, sadduzäisch mit den
indischen Ideen des Mangobaums der königlichen Zauber-Armut,
wurd sie römisch-imperial.
Das Kreuz Konstantins wanderte auf die Standarte und
das römische Kaisertum, hopps,
nur einen Steinwurf weiter von dem Collis Palatino zur Collina
Vaticana.
Und es holte sich die Kinder des einsamen, unbekannten
Brahma wieder in die schönen Leiber Aphrodites und Apollos.
Jesus ward in der Sixtina ein Achilleus und am Sims von San
Pietro wieder Jupiter, der Vater.
So verstand's der Europäer.
Weiß, genial, extrovertiert.
Michelangelo, da Vinci, Peterskuppel waren archaisch.
Die Ecclesia mit den frommen deutschen Fürsten hielt und
festigte das Reich Alexanders, Julius Cäsars ...
Und der Himmel gab den Segen. Bachs
Musik sang voller Geist, heiligen
Geists auf uns herunter.
Mozart spöttelt unvergänglich mit dem
kühlen Salzachlächeln Hohn auf die Vergänglichkeit,
und vom Bonner Riesen dröhnt der Trotz
des göttlich-liebenden Barbaren.
Also war gar nichts geschehen mit dem
Aufbruch in die Demut des Sich-selbst-
gesünder-Fastens?
Doch! Viel war in uns gefallen
mit Franziskus, Rama, Buddha,
die Olympier wurden Büßer,

198

Mitleid war ein neuer Gott,
Mütterlichkeit neue Göttin.
Die Vielgötterei verboten,
aber sofort kehrt sie
wieder,
Götter wurden eben Heilige, viele, die am Marterholz verbrannten.
Statt die Lämmer und die Rinder, die Unschuldigen, zu opfern, opferten sich große Menschen, wie Gotama sich geopfert, als er von der Königsburg floh.
Heiligsein ist sich er-büßen,
Wölfen und den Vögeln predigen
in der herrlichen Toscana
und als Gott der Liebe drei Tag sterben.
                Zwischen diesen Lagern irren
unsere Gefühle
                seit den Tagen
hin und her
                mit Rückfällen ohne Grenzen,
aber immer wieder dauert es nur kurze Zeit.
Immer wieder kriecht, gebeugt bis zum Boden, eine europäische Madonna, eine Heilige, Mutter, die Teresa ganz dicht bis vor unser Herz.
Neulich fand man eine Hündin, jung, abgemagert zum Skelett, unter einem Torbogen einer ländlichen Kapelle, oben im Gebirge. Kriegte keine Milch mehr in die Zitzen und starb mit den Kindern an der Schöpfung.
Wie viele Theresen braucht diese unheilige Erde?
Ich hoff, Sie verstehen, daß man solches hinschreiben muß, wenn's einem grad einfällt.
Wer's nicht mag, kann's überlesen.

Aber vielleicht ist es auch für Sie wichtig, daß das Überirdische in uns allen so sehr stark ist, daß wir es überall suchen, ob uns das bewußt geworden oder wir es Mitleid nennen. In den letzten zweitausend, dreitausend Jahren wurde viel in uns geboren.

Nach Titanen werden
Götter für den
Menschen Heilige.

Ich dachte, das könnte auch Sie faszinieren. Denn wir waren ja immer da, damals schon, zu allen Zeiten, auf und ab, in großen Wellen.

Nun zurück zur Bavariade, die gar nicht so wichtig ist, wenn man nicht bedenkt, daß der Teufel im Detail steckt und man immer wieder wartet, daß das Große sich im Grab umdreht und uns seine Seele zuschickt, als die wir so vieles schon vorerlebten.

Es waren immer wieder bittere Gänge durch die Niedertracht und die Niederungen der Komödianten und der Journalisten. Was ich dafür kriegte, war, daß ich jetzt im hohen Alter die Erkenntnisse genieße, daß sie in mir wachsen und daß ich ihr Zaubern spüre.

Dafür bin ich in diesem tollen Leben, Treiben meiner Gene wirklich dankbar, daß sie mich begreifen ließen, daß sie meine Ahnen sind, all mein Weben seit Ewigkeiten und daß dieses Da-Sein jetzt provisorisch, aber wichtig alle Positionen absteckt für das weitere. Dafür zahlt man hier die Miete und erwirbt die schöne Aussicht in die nächste höhere Bleibe. Ich mein das im großen Ernst. Ich schreib's nur so hin als Wiener – Wien, wo ich, Gott sei Dank, geboren.

Wovon sind wir ausgegangen? Ja, daß unsere »Göttersucher« von Hieronymus Bosch bis hin zum Dichter von »Faust II« erst einmal verschwinden müssen, will sagen, eine Zeitlang tot sein, ehe man sie akzeptiert.

Hohes Alter wird zum Kind.

Das ist legitim, gehört sich.

Aber wissend werden, nee, wissen Se, nee, da soll er gefälligst warten, bis er einen als Gespenst was von drüben träumen läßt ... Dann sagt man's der Nachbarin.

Und man kichert miteinander.

Resümee:

Warum mag man tiefre Welten

(ich sag »tiefre« und nicht höhre),

weil der Körper grundlos tief ist,

in dem eine Quintillion Ahnen sausen, lautlos brausen, als Partikel Vorfahren sind, die uns geistig und organisch machten, in Bewegung halten

(Gene sind ja genital, was Fortpflanzung aus dem Ganzen aufdrängt).

Warum mag man die nicht, die von ihren Genen, oder nennen wir sie Ahnen, denn sie sind nichts anderes, jeden Tag was Neues erahnen, sprich, es fällt ihnen was ein, was ganz logisch und organisch vorher keinem andern einfiel. An sich eine dumme Frage. Diese atemlose Hetzjagd der Gestirne in uns, um uns, ist, was sonst, ein Konkurrenzkampf. Wer als erster das erkennt, was es soll, kurz sich erkennt, ist der Herr und ist der König. Deshalb rennt das alles so. Und der Kain und Abel – Bruder – mochten sich ja auch nicht sehr.

Man kann es kaum anders sehen.

Etwa so: Ist die Masse eingesperrt wie die Elektronenmeere in unsere so kleinen Körper, hält sie dicht, ganz dicht zusammen. Inhaftierte hauen sich, aber kommt Befehl von oben, hält man allgemein zusammen.

Ist von ihnen aber einer ausgebrochen, wird er allmählich ein Fremder.

Die Wand zwischen innen-außen ist doch die Tragödie oder, sagen wir, die Prüfungsfrage der Geschöpfe. Aller.

Man muß ausgebrochen sein.

Aus dem winzigen Atemraum seines Körpers, muß zur Atmosphäre werden. Bis dahin bleibt man gespalten in die Myriaden Teilchen. Über, um sich wird man eins, werden die Luftbläschen weicher, man wird fast ganz.

Wie man dazu kommt, die Antwort ist verblüffend einfach. Klingt beinahe wie ein Scherz. Man entspannt sich, denkt nicht nach, bis man fühlt, man wird jetzt freier, scheint zu schweben, klebt nicht mehr und ahnt, so wird es sein, wenn die Seele = Atmosphäre einen heimträgt in das nächste Tierkreiszeichen oder in die heilige Bleibe, von der immer alles ausgeht, in – die Ruh. Es tritt peu à peu die innere Unendlichkeit ein, an die man nie glauben wollte, aber die man immer in sich trug seit Paracelsus Hohenheims und Max Plancks entdeckter Welt – die Unendlichkeit im Leib ist ja amtlich.

Und diese Grenzenlosigkeit tritt dann leichter durch die Poren, und der Tod schenkt seine Gaben, ohne daß man sterben mußte. Sie verstehen, man wird Luft und leicht, was »Höheres«, man muß nicht mehr dran denken. Man wird wieder eine Wolke, als die man vor achtzig Jahren fiel, und all das gefallene Viele steigt als Ganzes auf und weiter, wenn der große Wurf gelungen.

Und jetzt wieder Tacheles. Wie endete denn dieser wunderbare, böse Tag bei der Bavaria, diesem so geliebten Platz meiner einzigen glücklichen Tage. Ach, wie immer. Großtriumph und Attentat lagen wieder hinter mir. Die zwei Kätzchen waren versorgt – und ich war wieder stumm geworden. Im Grund froh und ganz gehorsam meinem Schicksal. Hin zum Sinn und weg vom G'sindel.

Nächsten Tags kam ich herunter in die Halle des Hotels, wo man Frühstück nehmen konnte und die Zeitungen aufliegen ... Da geht die Geschichte eher heiter wieder weiter. Ich sah schon von ferne unseren Russen, der ein mieses Blatt verschlang, und er tat das so heißhungriggierig, daß ich Angst hatt, er verkutzt, er verschluckt sich. Doch dann sah er mich und verkrümelte die Zeitung, wie ein junges Mädchen einen Liebesbrief versteckt, der ihm viel Genuß bereitet ...

»Steht was Schönes drin«, fragte ich.

Ah no, no, o nein, nichts Besondres; und das Ruhmesblatt verschwand in der engen Jackentasche, wo die Rieseninitialen meines Namens deutlich raussahen ... Gottlob, Old Europa war ein paar mächtige Headlines reicher. Die Besitzer der Journalia konnten auf den Wolkenkratzer einen neuen Stock aufbauen.

Im Grund durfte ich ganz stolz sein.

Jetzt war ich beinah achtzig, und wo irgend etwas los war, unbeweisbar, grundverlogen, brachte ich in voller Unschuld diesen lousy stinkers Umsatz.

Das gelang – beim Zeus – nicht jedem.

Und dann ging's zurück zum Flugplatz mit dem russischen Seigneur.

Vom Skandal des vorigen Abends wurde kaum ein Wort gesprochen.

Er und die Portiers zeigten (das Hotel hatte ja fünf Sterne) haargenau den gleichen Ausdruck ... Mitleid nicht, nicht Schadenfreude. Wie im Luftkrieg.

Über einen abgeschossenen Kameraden spricht man nicht mehr – bis der Krieg zu Ende ist.

Als die Journalisten sahen, daß die Anklage zu blöd war, hatten auch sie bald am Schreien ihre böse Lust verloren.

Ist kein Fleck auf dem Lewinsky-Kleidchen, sucht man eine andre Schande.

Und die Gier, mit der mein Freund des Skandalblatts Titelseite aufgefressen hatte, auch die nahm ich ihm nicht übel.

Wissen Sie, Theater ist au fond inexplicabel. Denn es stellt die ganze Welt dar. Körper sind nur Figurinen, und das Ganze ist ein Film, den die Dämonie gedreht hat.

Daher ist schon alles fertig, wenn wir blutige Körper werden. Wir glauben, es beginnt was Neues. Irrtum, der Film ist gedreht. Und wird hier nur vorgeführt. Änderungen – kaum mehr möglich. Wenn nicht einem Unternehmer oder Star noch eine andre Szene einfällt.

Ist man kein Star und dreht nicht, was in dem meist schrecklich dummen Drehbuch steht, fliegt man raus. Ich hab viel geändert und flog nie raus.

Außer einmal. Aber da war's wegen einer schweren Krankheit, von der keiner etwas wußte, wissen durfte. Und jetzt hoff ich auf den Himmel. Den gibt's auch noch, das vergißt man. Da möchte ich auch einiges ändern. Schwarze Löcher und so. Na ja, halten Sie mir die Daumen. Ich hoff schon, es könnt gelingen. Es ist alle Sichtbarkeit unser Spiegel, der recht schonungslos von uns Schmutz und Sauberkeit zurückwirft.

Sie haben sicher längst begriffen, es geht mir gar nicht um mein Schicksal. Dieses Fest und dieser Flug sind für mich ja nur ein Vorwand, möglichst divertent von der Posse dieses Lebens und der Größe, die in ihr liegt, zu berichten; ohne viel Getue sollte man sich darüber klar sein, daß wir alle dieses große Lustspiel darstellen und daß es sehr viel auf uns ankommt, auf uns, seine Darsteller und Dichter.

Aber so im allgemeinen:

Schauspieler sind nette Leute.

Manchmal bringen sie einen um, aber nur, um einen auf der Bahre feierlich zu Grab zu tragen und zu weinen. Man hatt' einen Kameraden. Um der Tränen willen, lohnte sich die Tat.

Also saßen wir denn angeschnallt und abgeschnallt in dem Baby-Aero wieder nebeneinander, und die Sache war vergessen. War sie's? Was sollte man reden, um ja nicht davon zu reden?

Er sah aus der Luke, und die Wolken sanken bald uns zu Füßen. Oben ist stets blauer Himmel, da mag's unten noch so zugehen.

206

»Schaust du wieder in die Luft?«

»Deine Luft.«

»Ich teil sie mit dir ...«

»Hast du nicht gesagt, sie sei so was wie ein Gottesstellvertreter?«

»Ich meint es nicht lästerlich. Entweder ist alles göttlich oder nichts.«

Wenn man Gott nur als gut ansieht, wär es freilich lästerlich.

Ich erleb es zeit meines Lebens, daß er niemals immer gut ist, gut im Sinne Jesu Christi, allverzeihend, demütig, dienend. Etwas, das »die andre Backe hinhält«, franziskanisch,

das Tier auch als Gott erkennend, vor
dem Wolf kniend, predigend,
und so Großes in ihm weckend
oder
wie eben Altägypten einen weißen Stier
am Anfang überschäumend die Welt zeugend ansieht
und sich, den hochmütigen Menschen, von
der Märchentreue des Anubis, eines
struppigen Hundes, rauf und rüber
heimführen läßt, Auferstehen
über diesem Wasser, der Scheingrenze,
leise rauschend und durchschwimmbar,
zwischen großem Leben = Tod
und unserem derzeitigen Sackhüpfen.

Als mir das noch lang nicht dämmerte, zog, bei einer Mozart-Messe, bei dem sinnenfreudigen, dem gewaltigen Spiritus Sanctus, eine andere Idee meinen Rücken hoch und runter, vorbei an dem heiligen Martin.

Oder war's ein anderer.

Von der Riesenorgel des Stiftsdomes, Klosterneuburg, ging ich rüber die paar Schritt nur ins Gymnasium am Buchberg. Es wehte ein Wind wie meist dort, und die damals züchtigen Röckchen einer Susi aus der vierten Klasse winkten, wozu sie erschaffen.

Der Wind küßte ihre schlanken Schenkel, und ich repetierte die Vokabeln.

Auf lateinisch hieß die Luft, die die Dinge wehen ließ, die die Samen und Gedanken trug von einem zu der andern, die Kinderkörper küßte und als Sturm manch andre später in die blühenden Wiesen warf

und als Hurrikan das alles wiederum zerstörte und in eine andre Welt trug »A-er«.

»Du verstehst?«

»Natürlich.«

»Wirklich?«

»Ja, ich ging doch zehn Jahre in so Schulen.«

»Weißt du, was das »Aer« noch heißt? Es heißt Äther = Götterwohnung. Es heißt Aura, die ich sah, manches Mal um Todgeweihte,

Aura, die so dünn jetzt wird; Aura, die die Erde vorm Verderb schützt, vorm Verbrennen durch die Rache unserer flammenden Mutter Sonne. Und dann weiter: Es heißt Klima, Wetter, Caelum, Himmel, wo gezählt wird (wie ich fand), was wir taten, Spiritus und Anima sind – hellsichtig – ihre Kinder: Geist und Seele. Und die Ahnung, die Erinnerung unserer Logoi, unserer Worte, geht so weit, sich zu gebären.

Aus »A-er« wächst dann im Englischen und im Westen »Air« – und wenn man es ausspricht, wird draus »Er«, der Mann, der Gott der Bibel, der die Dinge alle zeugt und bei Jesus wieder sexuell wird: Vater, Pater, die Potenz, und im Glauben der Antike strömt sie aus dem erdumspannenden Schlangenleib der Göttin Nut, die die Erde (Er-de heißt ja auch ER und DE) himmelhoch umspannt und uns, ihre Brut, als geisterhafte Glucke auf die Art schützt, auch gegen das Oben wie die Aura. Heute wittert man, was die schöne Schlange

Nut wollte. Ohne sie und ohne Aura töten uns feindselige Strahlen der Sonne. Es blieb immer große Ahnung und Erinnerung in uns, die sich anders nannten und doch das gleiche immer sind.

Wundert's dich, daß ich die Luft, die das Riesenbaby Flugzeug und uns, die vier Männekens, und Benzin und das Gepäck trägt wie papiernes Spielzeug, daß ich sie auch »Gottheit« nenne.

Eine Spielart, die der Urknall in Diaspora zurückließ, eine unsichtbare Kraft, die man Vis und Vita nannte oder Leben, das der Geist sich aus sich lieh (Leben und Lehen ist so ähnlich), aus sich lieh und schließlich, als das Leihen nicht reichte, sich erliebte.

Der Mann da an meiner Seite saß ganz leicht gebeugten Kopfs und lauschte nicht mehr auf das, was ich sagte. Denn ich sagte gar nichts mehr.

Dann hoben sich seine gepflegten Männerhände schwer und stark und sanken schwach wieder auf die Oberbeine.

Ob er es verstanden hat? Nichts zu fühlen, dafür war er zu sehr Künstler.

Dann sah er mich von der Seite schräg an, und sein immer noch apartes Gentleman-Gesicht wiederholte das vielsagende Spielchen seiner Hände.

Was er da gelesen hatte, heute früh in der Hotelhalle, war ja, nach der ersten Freude, weggesteckt und abgetan für die Würde und Erfahrung, die er selbst mit Frauen hatte. Diese Frau hat was versucht, fühlte er, was ihr danach sehr, sehr leid tat. Denn sie hatte auf der Bretterbühne vorher selber angekündigt, daß der Katzencoup ein Tierversuch war.

Und der Altkollege Ruski sagte: »Du verstehst, für mich ist das alles neu, was du sagst, ich kann das nicht so rasch akzeptieren und kapieren. Wie, wie lebst du. In – wo gleich? In Vernate? Es gab von dort tolle Bilder.

Ich leb auch hier in der Nähe. Aber als Bohemien. Manchmal fahre ich nach Deutschland, arbeite ein wenig was. Es ist mir ganz ungewohnt, etwas wie dich zu erleben.

Was hat sich denn in den vierzig Jahren, die das her ist, daß wir uns nicht sahen, ereignet bei dir? Ich bin Witwer und – sehr allein mit vielen Freunden.«

»Witwer bin ich auch«, sagte ich, »aber allein – nie. Zu mir kommen schon die Gäste um halb drei in der Früh.«

Und sie machen mich betrunken mit Ideen, die sie bringen und die sie prompt in mich feuern. Und so feiern wir den Tag im Park und in schönen Räumen.

Ich hab nie etwas gebraucht in dem Leben, und ohne Anspruch lebt man gut. Wie Diogenes in sehr gepflegter Tonne.

Zu begreifen, daß die Luft der Liebe Gott sein kann. Nein, nein, ohne Spaß! Alles kommt auf einen selbst an. Siehst du Freunde, schaffst du Freunde. Haßt du, wird die Erde rot. Wir haben alle Möglichkeiten. Segen, Fluch liegt viel mehr bei dir, als du glaubst. Das ist, find ich, ein Christentum, das du um dich selber aufbaust. Man kann das, und man tut was Gutes für sich – damit.

Nicht der »liebe Gott«. Die Liebe mußt du erst entdecken. In der Kraft, die auch in höchsten Höhen, wo die Galaxien lautlos – brüllend – toben, rollen,
von noch größeren schwarzen Löchern in Gasöfen und in Flammen, zermalmt, zermanscht, aufgefressen werden. Wie wir – eines frühen Tages in den Gräbern und den Öfen. Wer nicht Liebe in sich findet, kann aus der Vulkanität des Geschehens nicht auferstehen als Seele, als Essentia, weißt: Das ist der Trick der Geschichte, der Erlöser ist nicht männlich.

Lösen von dem Hexensabbat, der ja wunderschön sein kann, wird einen nur Mutterliebe, die die harten Männer weich schmilzt und das Neue auf die Welt bringt, die das Leichte
schafft und sucht.

Alles in dem weiten Orbis ist Versuchung und Versuch, den schmerzend wilden Sexus an der Quelle Eros zu finden. Erò-s = Werden und aus diesem Eros Logos schaffen.«?

»Was ist Eros Logos«, fragte er.

Und ich sagte: »Sinn!

Liebe ohne Kraft ist Schwäche.

Mit Rehlein-Springen, Häslein-Hüpfen

ist dem Manne und der Zeit und der Wut der Himmelkörper und dem Mord fürs Bürgermahl à la longue nicht beizukommen.«

»Womit ist ihm beizukommen?«

»Mit der Wahrheit.«

»Welcher Wahrheit?«

»Mit der Wahrheit, daß der Ur-An-Fang

ein Hauch war.

Nebel, Dunst, der aus der Gaia aufstieg.«

»Aus der Gaia?«

»Ja. Aus der geilen, blau-grün-braunen Erde, voll der Reize: einem Punkte der Entwicklung einer rasend-wilden Kraft, die fiel und sich fing und die lieblich gräßlich aufwuchs, unserer Mutterkugel Ter-ra, die (Ter = drehen / Tre die »3«) dreigespalten durch die Lüfte purzelt, ein unendlich großer Clown, dumpf-gewaltig, ihre Wasser an sich fesselnd, dampfend, himmelbildend und von ihrem Sinn nichts ahnend und nichts wissen wollend wie wir, ihre Kinder.

Er: »Ja, ich weiß schon, du willst sagen, wenn was fällt, ist das Gesetz.«

Ich: »Ja, ja. Aber ebenso befiehlt dir der Schmerz, der draus entsteht, wieder aufzustehn und zu sehen, daß du hoch fielst wie der Regen und hier fruchtbar werden kannst und begreifen, daß das Hohe, aus dem du gefallen bist, in dir blieb, in dir versteckt ist und du's aus der nächsten Tiefe, aus dem Kosmos, der du wurdest (nicht, du wurdst ja Mikrokosmos, wie wir's heute wissen), weich, als Mann zum Weib geworden, aus dir selbst gebären mußt.

Das geht nur in Einsamkeit und im Glauben, daß du hochgeboren bist und ganz zart jetzt hier auf Erden Liebesgott in deiner Welt wirst.

Nur mit Zartheit und Geduld kannst du Großes in dir finden. Mit Gewalt lacht es dich aus, dieses Universum, das du in dir fandest. Nochmals: Man ist Mikro-Kosmos!«

Er bestellte keinen Rotwein, heute war er gar nicht männlich, selbstzerstörend, stark und adlig. Heute horchte er mir nicht zu. Vielleicht ist das niemandem möglich. Heute horchte er in sich.

Als da unten zauberisch die Luganer Seen tanzten, Städte, Wasser drehen sich, wenn man anfliegt, hier Muzzano und dort Agno, Carussello, silber-blau, nicht sehr reich an Domen, Burgen, wie die andren Lombardeien, plätschernd eher und verspielt wie ein leichtgeschürztes Mädchen, dunkel-blond gemischt, und doch eine Schwyzer-Fränkli-Schönheit; als dieses da unten wieder winkte, hatte unser östlicher Lord viel mehr als das eben Erzählte schon vernommen, und die Augen wurden kindlich-groß, fast verwirrt und freundlich glänzend. Er hatte so viel erfahren.

Daß man Worte öffnen kann in der Mitte, wie die Leute, um sie kreativ zu machen, daß sie zeugen und gebären und ihr Inneres verraten,

war der erste Schritt in die Etymologie, die ich mir gefunden hatte und von der ich soviel erzählte, und vom Tierkreis unseres Falls, den ein jeder Ochs und Esel, Krebs, Stier, Mensch und Wassertropfen hier

in Trance durchlaufen muß, in Geschwindigkeiten, die kein Genius, Künstler, Finder sich im Traume seiner Seele ausmalen kann.

> Da geht's um Milliarden Meilen die
> Sekunde, und man hört, wenn man es
> hört, nur das unhörbare Lachen der
> Gestirne.

Keiner von uns Kommandanten (unser Leib gehorcht uns ja) spürt was von den Höllen, Himmeln, Kronen und den Niederbrüchen, die in uns sind, werden, waren.

Wissen drum, das ja, damit locken sie uns, meist vergebens, aber sie in sich entdecken, dazu sind erst Tote fähig und von denen auch nur solche, die es sich kindlich verdienten.

Und doch ist das Ziel, die Welt zu werden, von der man einst ausgegangen, inhärent und eingeboren. Wie kann man das vergessen? Man verdrängt's doch. Es ist da.

Daß der Vor-Gang immer rund ist (das Wort Vor-Gang verrät, daß da etwas vorgeht, vor-tritt, uns etwas verraten und sich selbst ent-hüllen möchte),

daß der Vorgang also immer rund ist, wir auf fliegenden Karussellen hausen,

die mit uns durch Nichts und Luft sausen, ohne Flügel, doppelten Boden, doch in abgezirkelten Kreisen,

Verkehrsunglücke gibt's nicht oft,

Das bewies mir, daß das ganze Universum eine magisch karusellige Gesellschaft darstellt, die in Trance sich finden soll und, wie ich fand, das auch möchte.

Und daß sie sich selbst erfand, war für mich bewiesen durch das Großmirakel, daß ein jeder Punkt das

Ganze genial-komödiantisch darstellt. Und grad das ist für Nichtkünstler noch am wenigsten verstehbar.

Jeder Punkt das All – mein Gott?

Die Gelehrten, die das alles fanden, schwiegen. Alles, was sie dazu, ohne es zu sagen, sagten, war: Ach Gott (den es nicht gibt in gelehrten Kreisen, er erhielt sich nur als Anruf), ach Gott, sagten sie, das ist eben so.

Glaube, Kinderglaube, ist da endlich überflüssig. Man kann es zwar nicht beweisen, aber wir haben's bewiesen, was wir selber nie verstanden.

Damit setzt man sich zurück und genießt seine Pensionen als ein früh gealterter Beamter.

Haben Sie gelacht? Verlassen Sie den Hörsaal.

Ich war nicht so gutgläubig.

Ich nahm all den Haß der Gedankenfaulheit auf mich.

Und ich sagte, Götterdämmerung ist bewiesen durch den Regen.

Was da niederfällt, befruchtet! Ohne diesen Fall ist nichts.

Alles, was wir kennen, ist in Feuchtigkeit geboren, ob im Bauch oder vom Himmel. Und die Geisterfeuerwehr will das, was da immer unten auf das Oben wartet, aufwecken und leben lassen, treibt es als Dampf und als Dunst wiederum nach oben, steigend, wo es hergekommen.

Dampf und Dunst sind Gas = Geist = Seele, Kreise sind aus Geist geboren,

und

wenn sie sich rasch bewegen, so rasch, wie wir unsere kennen, setzen sie,

was lebt in ihnen und auf ihnen, eben in Trance. Sie gehen (Trans = durch) durch sich hindurch und sie ändern das Bewußtsein und die Urkraft, die in ihnen wächst, immens. Trunkene und Irre sind sehr stark. Ihr Gedächtnis wird nicht schwächer, sondern weiter.

Meditierend weiß man mehr.

Deshalb dämmern, fallen Götter. Sie wollen sich kennenlernen.

Da das überall so ist, überall, bei großen, kleinen Teilen, Teilchen, Weltenkörpern, groß, klein, wirbelt's sich durch unser Nichts in geordneter Verrücktheit, und kein Mensch fragt je warum, wer bin ICH auf diesen Kugeln, die in beispielloser Wirrnis unsere große Ordnung bilden. Und so nannt ich meine Erstgeburt, die für die Erkenntnis und Entwicklung und Erlösung essentiell ist, kosmische Hypgnosis.

Das hat bei manchem Schlaumeier und Ganoven so begeisternd eingeschlagen, daß sie sich's in Jahr und Tagen von mir explizieren ließen,
am Kamin, im Studio, beim Spaziergang, bis sie's dann mit treuen Augen nach Amerika entführten und ihnen dafür ein Rektor gar den Ehrendoktorhut auf die blonden Locken drückte.

Ach, was soll ich sagen? Im Prinzip hat mir der Schurkenstreich ja sogar geschmeichelt. Man stiehlt in der Regel nur, was glänzt.

Freilich spekulierten sie, daß ich, alt wie ich schon war, eh bald sterbe und sich der Betrug nicht rumsprach.

Warum sollt ich demonstrieren?

Ich hab schon vor dreißig, ach was, 37 Jahren meine Sache an der Uni Mainz, im Auditorium maximum deklariert, bei Notaren hinterlegt und in etlichen TV-Stunden publik expliziert: was ich da gefunden habe, sind ja doch kein Wollpullover oder kesse Unterhosen, das ist eine Revolution, eine Weltanschauung, die braucht Deutung, Überdenken und die Zeit, die in den Hirnen und den Seelen das grundlegend Abgelebte von den neuen Sichten, Wellen überzeugt.

Weiß nicht, ob ich ihm das sagte oder nur hier, bei der Niederschrift Ihnen das erzähle. Es bewegt mich manchmal, ob es andere bewegt? Kaum.

Gestohlen wurde auf der Welt – nicht zu sagen, wieviel.

Niklas Tesla war der Welt weitaus
größter Finder –
er erfand ein Auto, das ohne
Benzin fuhr. Mehrere Exemplare
ratterten in USA schon herum auf dem
Versuchsgelände mit einer Antenne, die
aus dem Nichts, der Luft die Kraft
geholt hat.
Hätte das Bankhaus, bei dem er,

der auch den Wechselstrom gefunden
hatte, als Investigator, als
Erfinder angestellt war,
ihn nicht kaltgestellt (das Bankhaus
bangte um seine mächtigen Ölfelder,
wenn Benzin nicht mehr gefragt war),
ginge jetzt die Welt nicht unter. Ohne Spaß! Denn sie geht unter
in ganz absehbarer Zeit am Gift unserer Benzinautos und den Ben-
zin-Flugmaschinen. Treibgas ist nur eine nette Draufgab.
Ja, so spielt das Schicksal.
Man spürt eine Dämonie, setzt
die Untergänge durch, Listig via
ahnungsloser Geniusse, Baron Leibniz, Leipzig, Rokoko, ein paar
hundert Jahre ist das her, daß zwei Große, Leibniz, Newton, einer
Festland- und der andere Insel-Sachse, die, ohne sich zu kennen,
gleichzeitig die tollsten Sachen fanden, Schwerkraft, Rechenauto-
maten, Energie-Formel et cetera
(Lichtgeschwindigkeit brachte später erst ein andrer Großer in
die Sache),
Allroundgenius von Leibniz hat kaum viel veröffentlicht.
Fragte ihn jemand: »Baron, warum publizieren Sie denn nicht
diese wunderbaren Sachen?«, pflegte er zu sagen: »Wozu? Es versteht sie ja doch keiner!«
O Gott, wie recht er doch hatte!
Mein Gefährte in der Luft, dem ich
in den letzten Tagen soviel grad
von mir erzählte, fragte mich (das
weiß ich noch ganz genau): »Ich hab von all diesen tollen
Sachen, die du da erzählst, nie etwas gehört ... Wer hat denn, sag
mir, das erfunden?«
Entweder hat er mir auch am zweiten Tag nicht sehr intensiv
zugehört,

oder ich hab weniger von mir gesprochen, als Erfinder das meist
tun ...
Also sagte ich in seiner Mutter-
sprache, er war ja in Frankreich auf-
gewachsen:
»Moi même, mon vieux.«
Ich weiß noch, wie er mich ganz
verzagt ansah.
Dann sagte er: »Du wohnst nobel. Nobler geht's nicht.
Warst berühmt als Moviestar. Was hat dich dazu getrieben, solche Sachen zu verstehen, zu erfinden?«
Ich sah ihn sehr lange an, wartete,
bis mir die Wahrheit einfiel, und dann sagte ich: »Ich weiß
nicht.«
Weiß man je, wozu man auf der Welt ist?
Ich weiß nur, daß ich, ganz ohne das, was ich gefunden habe,
nicht, o, lang schon nicht mehr leben würde.
Schau, ich fand in meiner wichtigsten Sache, in der »Fall- und
Kreis-Theorie«, daß die Luft, die man alle paar Minuten ausatmet,
zu unserer Atmo-Sphaira wird, zu der Dunstwolke um einen, und
dann sah ich eines Tages völlig logisch (du weißt, die Berliner
sagen, »Mensch, der oder das ist 'ne Wolke«, wenn sie etwas
bewundern) – diese Wolke sah ich fast um jeden. Wie sie um unsere ganze Erde ist, ist sie, fand ich, auch um einen.
Ist um jedes Haus und Möbel, um die Tiere sowieso und eben
auch um uns, die Menschen.
Schützt die Erde vor der Sonne und uns vor Indiskretion. Vor
dem Eindringen der andern ins Intime, ins Geheime; ohne das ist
keine Würde; in das Innere, du verstehst. Doch wenn einer sehen
kann, wird der Mantel dünn, ein Schleier, und es treten Regen-
bogenfarben bis zu Gold, dem Aurum, in die Aura. Und das Innen
gibt sich preis. Weißt du, dieser tolle Sturm der Äonen von da drin-

nen sehnt sich sehr nach Helfen-Können und nach unseren Hilfe-
rufen, die die großen Götter brauchen in den Katarakten von Sturz
und von Wanderung.

»Ah, ich versteh. Nein, ich versteh nicht alles. Es ist sehr neu.«

»... und neu befremdet, man muß sich dran gewöhnen.«

»Sagtest du, der liebe Gott sei die Luft?«

»Ach du, die Luft kann man vergiften, wie wir's grade in extre-
mis tun.

Und man kann sie überwinden, in dem man mit Apparaten,
unserem Flugzeug etwa, sie zwingt, uns im Eiltempo zu tragen. Das
entspricht dem Gott-Begriff, wie wir ihn seit Abraham und viel län-
ger in uns tragen, nicht!

Omnipotent und allgütig und allmächtig. Das ist Luft nicht.
Weiß nicht, ob's die Götter sind.

Alle sicher nicht.

Luft ist eine Spielart dessen, ein Gas-Geist, der sich genahet, in
der die Kraft, die wir sind, die zu uns auch redet als das Leben, als
Sekret und Ruf an sich, sich, sich selber zu erkennen.

Gnothi Seauton ist die Sonnenkraft Apollos, des griechischen
Helios: daß man aus dem Sich-Erkennen etwas Gutes selber macht,
ist der Sinn der Götter-Dämmerung.«

»Aha«, sagte er.

Und ich: »Was so atomistisch klein ist wie wir,
trägt viel Sprengkräfte in sich.
Ich erzähl dir noch einmal davon,
wenn du willst.«

»Hat das Sinn?«

»Alles hat Sinn. Und führt nicht immer
zum Guten. Sinne können recht perfid sein.«

»Du hast da vorhin gesagt, daß du nicht mehr leben würdest,
wenn dir deine Findungen nicht dazu verholfen hätten ...«

»Das ist wahr und ist nicht in einem Satz zu sagen.

Zunächst gilt, wer Wahrheit sucht,
hat sie beinah schon gefunden.
Es ist ja die Schwingung, nicht der
Buchstab, der anhievt, was da in der eigenen Atmosphäre auf uns
wartet.
Doch der Glaube versetzt Berge, die vor einem oder über einem
liegen.
Nein, nein, schau nicht raus. Ich mein nicht den Berg da unten,
über den wir grade fliegen.
Der hat die Kraft der Titanen, die die Väter des Zeus waren und
die der nach harter Schlacht, nach dem Sieg des Zarteren, Feineren,
Kleineren (wir sprachen grad davon)
unter Fels und Berg verbannt hat. Kennst du nicht diese Geschichte
aus der grandiosen griechischen Mythologie? Klar, daß sie auf Aus-
bruch warten, immer weiter warten, denn sie sind die Kraft, das
Leben, sind unsterblich.
Wie die Ahnen und die Geister und die Götter, die in einem als
Partikel / Elektronen
in der Unterwelt
von allen Sichtbarkeiten
rasen, toben und das starke
Leben sind,
einem Vita geben und Vis,
die Kraft von tieferen Vis-ionen.
Ich sagte als Wiener Bub einem großen Mann in Wien, Freud:
»Man muß sich mit seinem Inneren versöhnen, sonst verliert man
jede Kraft, und am Schluß vernichten sie einen.«
Sie sind das, was man Natur nennt. Kultur kann nicht ohne sie
sein.
Setz eine Erkenntnis um,
ohne sie ins Kleine, in das Tägliche
einzusetzen,

da brauchst du gar nicht anzufangen.
Man bleibt, was man ist, doch das
Seiende wird weiter,
manches Mal sogar höher, wenn man
es damit beschenkt.
Sachte, jeden Tag ein wenig.
Wie man selbst erzogen wurde
von den Auferstandenen, von den
Manen, die in Rom von Nischen
herunter mahnen,
aus der Asche, die nicht stirbt,
aus dem Grab, aus dem wir wachsen.
Jeder Punkt, auf dem wir stehen, jeder
Tropfen in der Luft, durch die wir gerade
fliegen, ist ein Grab, das einen
birgt und das einer ausgeatmet.
Lieb ihn und du heiligst
ihn. Das ist Sinn des Vaterunser.«

Mein Flugnachbar, dieser sehr gebildete Mann, Akademiker aus Frankreich und auch Mann von Welt, ohne Talmi (man wird schließlich auch nicht so was, weil man saubre Fingernägel hat und die Kellner kühler anschaut, wenn sie fragen, was man wünsche), der Mann litt, weil er fühlte, daß er da was hörte, was ja irgend etwas war, das man fühlen, wissen sollte, das sogar ein bißchen wie ein kostbares Geschenk war, das man tax- und kostenlos in die Brusttasche der Seele stecken konnte oder müßte.

Aber konnte man? Man wollte es; aber konnte man? Stand nicht zwischen »man« und dem das, was der mit einem orphischen Wort grade
»Kosmische Hypgnosis« nannte.

Eine Gnosis, ja, das, erinnerte man sich dunkel aus der Lehrzeit an der Uni, der Sorbonne, das war eine Gott-Erkenntnis-Suche, hellenistisch-griechisch, jüdisch und besonders christlich, das Geheimnis zu erkennen, zur Erlösung.

Vor so, na, fast fünfzig Jahren hörte man das von einer süßen Kommilitonin, mit der man grad schlief. Stud. phil. Doch bei Sartre waren Sachen wie Erlösung höchstens Wahlfach.

»Warum würdest du denn nicht mehr leben ohne ... so was?« fragte er dann unvermittelt. Mit Recht. Das war doch unser Thema.

Das will ich dir sagen, Lieber. Ein Gesundheitsriese war ich nie. Schon ganz kräftig, aber denke dir, ich glaub, die Seele trifft schon die Entscheidung, ob man körperlich robust ist:

da gibt's akupressuröse Geheimwege im Labyrinth des Mikrokosmos.

Die Not der Fragilität stieß mich
sicher in Begabung, und der Überlebens-
trieb ließ mich neue Wege suchen,
wie man als Kapitalist in sich so arm und hilflos bleiben kann trotz des ungeheuren Reichtums von rund einer Quintillion Elektronen,
sprich Vulkanen (denn ein jedes dieser überirdischen Wesen hat ja Hitzegrade, die kaum meßbar), Kräfte, die Krankheiten, die wir haben, im Hui hinwegpusten konnten.

Fragte sich nur wie? Wege und Geschwindigkeiten unseres eignen Besitzes, dieses Leibes, mikrobiologisch angesehen, konnten einen
nicht einmal das Fürchten lehren.

Nein, man fürchtet sich auch nicht etwa vor der Hitze oder Vernichtungskraft der Sonne (obwohl das grad aktuell ist), wo die rollend grollende Monstermutter Sun für die Kinder, für uns Kinder
ein Strahlenbündel sendet,
das jeden Augenblick das Finis, nicht
nur vitae, nein, auch mundi heißen
könnte. Nein, man fürchtet sich gar

nicht, weil die Phantasie nicht ausreicht.

Wie also den Zugang finden zu sich,
zu der Allmacht als dem Herrn von solchen Kräften, wie sie jede
Faser dieses Leibs mühlos ausstrahlt, ausstrahlen könnte, wär er
nicht hypnotisiert,
runterprogrammiert auf 36 Grad
unter der Achsel.
Und da fand ich einen Weg.
Hab das noch nicht publiziert, und du bist beinah der erste, dem
ich's sage.
Ich hab dich auf dieser Reise so gemartert.
Also, Freund, auch dieses noch.
Der gesamte Höllenspuk
ist in einem, ist in allen
unseren Leibern
mikrokosmisch.
»Bon« oder nicht »Bon«.
Jeder hat die Chance, die ganze Welt mit sich herumzujagen.
Tut er's nicht, so jagt sie ihn.
Tut er's nicht, versäumt er alles, was das Ur-Elektron,
als es mütterlich gebar = platzte, ihm von allem Anfang an in die
Wiege legte.
Also aus der Tiefe schöpfen eines funken-über-reichen Wesens.
Wer hier nicht zum Schöpfer wird, der fällt wieder, geht zum
Grunde, bis ihn
wieder einer findet und ihm sagt,
Du hast gelitten, bist zerbrochen,
komm und werde ein Messias,
der das Leid kennt.
Zu dem Zwecke, old man, haben
wir alle Kräfte, so viele, daß

wir sie nicht fassen können. Das hast du gelernt, und das hab in deinem Bewußtsein. Denn Medusa ist zwar grausam und erzieht mit harten Schlägen.

Aber eben, sie ist nicht nur
die unsterbliche böse Gorgo, als die sie der blindgewordne Gott
Homeros aus den Tiefen seines Unglücks, das ihn so begnadete,
nämlich blind zu sein, erfand, sondern ich fand, mit Verlaub, als
Student schon, daß man Worte teilen
konnte, wie wir myriadenfach geteilt
sind, um der Worte Wahrheit und die eigene zu finden. So fand ich:
Me-dusa auch als heiligen
Schutz und Engel.
Ausgerechnet diese Teufelin Medusa?
Denk dir: Es sind Sphinxen und Medusen, sprich, die weibliche
Dämonie oder dieses Dummchen Venus, welches, schaumgeboren,
so oft mit was wackelt, schau, im Handumdrehen, wenn sie lieben,
Madonnen, die als Mütter wirklich
Krönung dieser Welt sind. Und die Männer lehren, daß es ohne
Liebe keinen Geist gibt oder daß sie dessen Adel darstellt. Es ist sehr
beglückend, daß sich Grauen wandeln kann, aus Grau Silber oder
Weiß wird, aus Entsetzen Auferstehung, daß die Farben Eros sind,
daß sie mit den Sinnen wachsen.

Und vor allem, daß wir unseres Glückes Schmied sind, daß die Wanderung der Seele uns zur Wahl stellt: aus dem Dämon einen Engel werden zu lassen, wenn die Härte um das Herz schmilzt.

Man erlebt die Poesie des Genies, ebendes Homer zum Beispiel, oft an irgendeinem Wesen an der Straßenecke und zertritt in blühenden Wiesen den geheimnisvollen Käfer, der in Altägypten Gott war.

Gorgo grinst, und Psyché weint und doch nennen beide sich Medusa.

Viel fiel mit uns, als man fiel, und doch blieb im Cor-pus alles.

Wie fand man als kleiner Kerl, geistig mit beschränkter Haftung, schizophren geteilt in Zwei, zwischen Oben und dem Unten, zwischen Gorgo und dem Opfer eines Muttertieres, das kämpfte, eines tapferen Soldaten, Retters, der bei einer Sturmflut irgendwo am Baum da klebte ohne Beine, ohne Bauch, Feuersbrünste oder dieses Mädchen, das ein Leben gab und brüllend seins dabei verlor, dies alles sah ich;

wie fand man als »kleiner Gott dieser Welt« sich in einem winzigen Körper, in dem – faßt man's – eine ganze Riesenwelt mit all den Ereignissen rumtobte. Wie? (Hurrikans waren doch dagegen kindisch.)

In dem allem
sich und
– Sinn?
Und die Rettung vor dem Dauergag des
Dauersterbens,
das koboldisch
einen selber und die Liebsten
blindlings abmurkst,
ein gefräßiger Sadist.
Nicht?!

Da schlendert man durch Wien, München und Lugano und betrachtet schöne Frauen, Advokaten, Polizisten, Mönche, Pfarrer, keiner würd nur im leisesten verstehen, das war Er, Sie, Es, von dem ich da grad redete, war's ein Irrenhaus braver, wohlbeleibter Bürger und teils wohlgeformter Bürgerinnen?

Eines Nachts, um meine Zeit, in der
Dämmerung, am Morgen,
wacht ich auf vor vielen Jahren und
wußt eine Teilantwort.
Dieser Tee, mit dem ich mir nachmittags
mit ein paar Gästen

230

meine Zunge verbrannt hatte,
dampfte,
nicht ganz so wie alle Teilchen meines
damals noch viel jüngeren Körpers.
Aber aus dem Trillionen Graden, mit
denen da alles Geist spielt in mir,
mit Temperaturen, die den größten
Teil der Welt niedersengen könnten,
wären sie nicht auf Zeit, human programmiert

(wenn Sie mir's nicht glauben, daß die Hölle in uns kocht, fragen
Sie das nächste Lehrbuch), also mit den Temperaturen, die wir uns
von unserer Superhölle ausgeliehen haben, die genügten ja auch,
diese 36 Grade, daß aus unserem Wasser (75 Prozent von uns ist
noch immer Wasser), daß andauernd von uns etwas aufsteigt, dunstet.

Wieso wußte das denn keiner, oder, wenn man's wußte, warum
setzte man's nicht um in das Wissen um sich selber.

Kosmologie, Biologie in Ehren. Aber wichtiger war »I«, würde
man bei uns zu Haus sagen.

Von dem Wasser, das
wir größtenteils sind,
steigt doch dauernd
Schweiß und Dunst auf,
getränkt mit dem allem,
was ich bin:
Wie heut nachmittag der Tee nicht
nur tückisch-heißes Wasser war,
das mir den Mund verbrannte, sondern
der Tee, das Tee-in,
Blätter, Rauschgift, feine Würze.

Was da aus der ganzen Welt meines Leibes dauernd aufstieg, war
die Luft, die mich bewegte, war das Leben,

das mich pumpte, war das große
Weltenwunder,
und es stieg,
solang ich lebte,
aus mir auf und bildete,
aus dem Wasser, Seele
(denn natürlich war es das; was mich atmete und was mich leben
macht, ist doch die Seele),
und man nannte sie so nicht
nur, weil sie aus der See meiner
75 Prozent inneren Nässe steigt, sondern
weil sie die Essenz alles
dessen mit sich
führt, was in mir war,
meine Taten und Gedanken,
meine Pläne, meine Gutheit,
meinen Zorn und die Verzagtheit, die es
auch gab, und einen starken
Willen, mich und dich hier
zu erfahren, zu erforschen.
Wo ging der Gestank, der Duft, wo der Zorn, die Wißbegierde,
um die ich mich überhaupt nicht mühen mußte (die war in mir), wo
stieg diese Seele hin, nicht nur heilig, wie die Alten
hofften, sondern
leichter,
also
lichter!
In der Tochtersprache Englisch
war ja light – light
leicht, Licht,
und es
bildete um mich, solang

ich in dem Fleisch leibte,
die berühmte Atmo-sphaira,
die Dunstkugel, die den Körper
leben ließ
und ihn schützte und ihn bannte
und die, wenn ich starb, als
das leichtere Leben mit mir abhob.
Doch solang ich lebte, bildete sie
meinen Himmel. Unpathetisch und
pathetisch, wie du willst.
Um Gestirne ist ein Himmel
und um unsere körperlichen
Mikrokosmen ist ein konzentrierter
Sky,
den wir ausgeatmet haben
und der unser dichtes Leben licht und
leicht macht.
Jede Tat und jedes Wort
kommt als transparenter, als geläuterter,
lautgewesener Gedanke wieder,
das ist ein System der Dämonie, des
Dai-monos, das ich übersetzte in:
Du allein gibst.
Was wir als das Überirdische, seit's uns gibt, hier
suchen,
haben wir selber ausgeatmet: das ist unsere Atmosphäre, unser
Himmel, der in uns jegliche Sekunde einfällt.
Deutsch ist eine gute Sprache – gäbe sie
uns nichts als dies eine Wort, den Ein-Fall ...
Und jetzt willst du wissen, schwarz auf weiß erfahren, wieso ich
schon lange nicht mehr lebte, ohne meine Ein-Fälle?

233

Na schau, ich hab dir gesagt, ich war durch ein gütig-raisonables Mißgeschick nie so ganz healthy – wie sagt man auf englisch heute – g'sund.

Ich mußte kämpfen, wenn das Vaterland bedroht war (auch der Körper ist ein solches – frei nach Jesus: »Alles ist vom Vater«); aus der Praxis wurde das Religion, die keiner sah.

Viel und oft war es bedroht, dieses Land aus Körper, Seele. Und die hochmütige Maske konnte mühsam nur verbergen, was dahinter sich verbarg ...

Und da sucht ich Alliierte, sucht Verbündete im Ringen, und ich fand sie im Gebet, das nicht im Gebetbuch steht, sondern in Naturgesetzen, die wir noch als Geister machten, noch bevor wir schreiben konnten.

Das Naturgesetz Nr. 1 ist:
anzugreifen,
um zu leben
und sich diesem eignen Angriff
hinzugeben
mit Leib und mit Seele.
Als man als Urtierchen ausstarb,
wurden daraus
Mann und Frau,
die in Wirklichkeit ja eins sind
und das ja am Anfang waren.
Als Gott gar Drei-faltigkeit.
Glättet man die Falten,
bügelt man sie aus im Beischlaf,
wird der Anzug wieder glatt,
Weibchen-Männchen eine Masse,
die sich in der Einheit anaalt.
Aber eh es dazu kommt, muß
bekanntlich ein Teil

ohne oder nach dem Kampf sich
hingeben.

Und damit ist schon gesagt, old man, was die Medizin, die einen selbst heilt, ist. In meiner Etymologia, die ich mir gebastelt habe, spielt das Wort Medicin eine große Rolle. Teil sie, und du kommst auf Me-dico = Arzt. Und das heißt: Ich sprech mich an = red mit mir und: Me-dicio = Ich tu's feierlich.

Ohne Hokuspokus-Fidibus, womit Esoterik oft gemixt wird und verflixt wird, Luft, von der zwischen uns beiden soviel die zwei Tag die Red ist, ist der Himmel und der Himmel, dieses Him-in (wie er gotisch heißt), wo er (dr)-in ist, von wo Shakespeare seine Engel, Boten herruft, seine Geister,
die »real« auftreten wie der Vater Hamlets, der dem Sohn Geheimnisse verrät, wie wir's oft im Traum erleben, wenn uns Liebende begegnen, sie liegen alle in der Luft, in dem Atem, der im Sacrum in den Körper tritt nach meiner Forschung, am Steißbein, neben dem das Leben anfängt.

Luft ist in dem Kreis, den wir zu leben haben – alles, Treibkraft, Stürme und Gesundheit. Dieses leichte, transparente Gas, das 60 km über einem, unter einem federleicht die Erde trägt.

Körper ballen sich aus ihr und sie lösen sich in sie auf, Körper, die sie ohne Mühe kommen, lachen, röcheln läßt, und in die die Geister dämmern.

Sie ist ja auch unser Himmel, zu dem Menschen beten, hoffen, der die Fruchtbarkeit bei uns da unten auslöst und die Anima terrae ist. Dieser Himmel fängt an nahtlos unter der Luftleere, die ich unterm Sonnengeflecht fühle, und erfüllt dich und umgibt dich überall, bis aus Luft wieder Nichts wird.

Diese Luft halt an,
und wenn sie dir fehlt, laß sie wieder frei und wisse, daß du stürbest ohne
sie, wie du's grad jetzt gefühlt hast.

Dann sei froh, daß du sie hast,
und lasse dich von ihr
tragen
wie von einer Mutter,
die ihr Kind birgt,
das sie ausgeatmet hat
unter Höllenstürmen –
Schmerzen – und befreit
zu einem Mann macht
dann in anderen Gestalten.
Immer ist's das
Weib-lich = Weh-ende,
das am Höhepunkt dich
auswählt und dich zu dem
Gott Uran macht, der sie
Heimat fühlen läßt,
die in ihr und dir versteckt
ist.
Laß es mich prosaischer sagen.
Leg dich hin,
wie du sehr oft lagst,
wenn dich jemand
müdgeküßt hat.
Die Geliebte war das
Leben,
das jetzt und seit
eh und je
als Luft eben die vielen Kilometer über uns liegt und nichts sonst
will, als daß die vollkommene Ruh über ihr auch zu uns kommt.
Denn das Höhere wie das Höchste waren doch einmal – wie wir
– eine
dunkle Erde.

Lustig, nicht, daß
Biologie jetzt unserer
Theologie das erklären muß.

»Sag's noch einmal ganz banal.«

»Na schön, ich versuch's. Was mich immer heilte, war bis jetzt,
daß ich mich in Leichthypnose kurz versetzte (das ist einfach,
Augen zu, wie wenn einem was gelungen ist und man ganz gemütlich heiter einschläft; und die Welt soll einen gern haben. Nicht
atmen und nicht nicht-atmen. Es geschieht alles von selber. Du bist
reich und bist im Urlaub.«)

Und dann sollt man wissen, daß das Beten, das die Schöpfung in
der Not noch immer kannte, stumm ekstatisch und in Liedern,
(nicht nur durch das Doppel »tt«) stärker wird im Worte betten =
sich betten in diesen unfaßlichen Kräften, die wir jetzt in dem Jahrhundert fanden in uns, auserwählt und elektronisch, unfaßlich:
Man war es selber! Doch man faßte sich nur in Hypnose, in der
glücklichsten Erotik geistig-reiner Selbsthingabe. Das war unser
Grundgeheimnis.

Scheint's, ich hab dafür gelebt. Nicht für Glamour und Theater.

Jetzt kommt etwas Wichtiges, Alter!

Schmeiß es nicht weg, es könnt auch für dich wichtig werden.
Was mich gar nicht ohne Rückschlag oder ›Es-nicht-glauben-Kön-
nen‹ immer wieder rettete (und manchmal war es sehr kritisch),
war, daß dieses Gas, die Luft, diese Seele, die als Atem doch mein
ganzes Leben war, mich zeitlebens innen wusch, mich durchpump-
te, reden, lachen, als Kind weinen, rufen ließ und machte, mich mit
milder Macht umgab und in jeder Faser füllte:

Wenn ich sie (wie sagt ich gestern?) »heiligte«, das heißt
»begriff« als das große Mirum mundi.

Innen rast's und außen kost's.

Kommt sie, lebst du. Wenn sie geht, bist du tot. Und ich fand durch sie: den Tod, den gibt's nicht; sie trägt dich nicht nur bis zur Decke, wie die Todesforscher fanden,

nein, sie wird zeitlebens schon deine Dunstkugel, dein Himmel und löst schließlich dich in sich auf, was man völlig phantasielos und dumm Sterben nennt. Sie ist eher Liebe, wie wir es vom Sexus kennen.

Was du jetzt, im kleinen Leben, immer zu Beginn des Tages und an seinem Abend tun sollst?

Fühle dieses Faktum,

leb und schlag der Angst ein Schnippchen.

Red mit deinem Phänomen – Air, Luft –, mehr, laß dich begatten und empfang dein neues Leben von ihr.

Das ist unser einziger Weg zu Freiheit, zu Größe.

Es hat tiefen Sinn, daß alles, was besonders ist, einem in naivem Zustand zuwächst. Ohne Sucht nach Beweis und nach Erklärung.

Wie wenn einer liebt und stirbt.

Den Seinen gibt's der Herr im Schlaf,

ist ein Wahrspruch ohne End.

Wieder sag ich Herren statt Herr und weiß, mit Erfahrung des Jahrhunderts, unzählbare, winzig kleine, riesengroße, grundgeheimnisvolle Leiber in mir, die in meinem ich ver-ein! Unser Saeculum hat die Götter doch gefunden, die nicht Zeit, Entfernung kennen, die mit Höllentemperaturen Himmel aus uns dampfen lassen, aus denen sie Tag und Nacht in uns fallen als Ein-Fälle. Dreh ich nur das Fernsehen auf, sind sie da und über-all in uns, in den Galaxien, im Moment einer Sekunde, unsterblich und ohne Ende. Ist das nicht, wovon wir träumten, was wir meinten, wenn wir nach dem Herrn oder nach den Göttern riefen?!

Zersprengt und durch Ewigkeiten fliegend und vereint durch dich und mich, durch die Leiber und die Ziele. Jeder seine eigne Welt, die uns darstellt, die durch uns wird, auserwählt = elekt =

Elektron von unendlichen Gewalten, wie Scientia, ahnungslos, es gefunden. So groß, Kinder, ist das Wunder, ist die Mutter unserer Himmel.

Mit ihm liegt man da und lächelt sich in hohen Beischlaf.

Dafür hat man es gelernt oder nicht vergessen, dieses Küssen für Hingabe an die Luft, die geheiligt durch Gedanken.
Erlöst, tief atmend, erwartend,
alles andere vergessend,
läßt man es überall in sich,
überall, wo nur Luft hinkommt, das ist in dem Leben jede Faser, jeder Knochen, alles Fühlen läßt man öffnen, gibt man hin an dieses Wehen.

Und wenn man davon erfüllt ist, wartet man auch, daß Air redet.

Ich wußt das und habe es exerziert und erlebt; lang bevor das Erbrezept entdeckt war, lang bevor ich lernte, daß »Es« schreibt in mir, hörte ich es in mir reden.

Wenn noch Platz ist, werde ich in dem Scriptum sicher noch berichten! Das ist unsere Natur, grundlos tief und niemals sterblich und versteckt in allen Kernen – dieser Eros sind wir selber. Fand man ihn, braucht man nicht suchen. Man ist nah am Klassenziel.

Zweifelst du, dann denk doch schnell, hier von unserem Atem, unseren Leibern sind die Himmel aufgestiegen.

Es ist unsere Feuchtigkeit, die im Kreislauf ihn erschaffen.

Der Vergleich mit der Batterie liegt ganz nahe. Wenn dein Wagen lang gestanden, läßt du das mit der Batterie regelmäßig machen.

Wir haben die Batterie erfunden nach dem eigenen System, wie man alles je Erfundene zunächst in sich selbst fand.

Angeblich nicht-denkende Batterien wissen, wie lang sie da brauchen.

Denkende Wesen müssen's lernen.

Kennst du Gnadenmäntel um Madonnen in den gotischen Domen.

Nun, der ganze Heaven, den Geschöpfe ausgeatmet haben, ist ein solcher Mantel um dich, der dich schützt und nährt und trägt – Air = die Luft, die dich erschuf, die du heiligst, die dich aufhebt.

Just mit diesem Wissen triumphal und kindlich lächelnd einzuschlafen, ist viel bessere Medizin, als sie die Schulmedizin je erdacht hat.

Das ist keine Frömmelei. Das ist logisch und verständlich.

Das ist Kunst-Naturgeschichte, das ist täglich neues Leben schon seit Millionen Jahren.

Langsam werden wir erwachsen und erleben die Dreifaltigkeiten, an die wir als Christen glaubten, glauben sollten, aber's überhaupt nicht faßten. Es gab sich auch niemand Mühe. Und dann sah zumindest ich den Sinn dieses Wortes überall in der Natur zwischen allem Festen und den Lüften als den auferstehnden Geistern, die die Luft, der Himmel waren, heilende Aggregatzustände. Ungläubige Wissenschaft bewies religiöse Träume als die Wunder der Natur. Ich nahm meines Nachbars Hand lächelnd, schüttelnd in die meine, zeigte durch die Flugzeugluke und lachte: »Lieb diese Luft, old man. Wenn wir wieder unten sind, saug sie ein die Tannendüfte auf den Hügeln von Ascona. Zwischen Geistern und Geschöpfen ist ein sich durchdringendes dichtes Weben, das man durch das Harz riecht, wenn man wieder anfängt, sich zu spüren. Ist das des Gelehrten unwürdig, dieses Urgeheimnis seiner selber? Ist der Geist in Holz und Fleisch eine Schande? du weißt's nicht mehr und weißt's doch, wie die Mutter dich in das Leben, dich aus sich mit ihrem Atem rausgepreßt hat, bis du schreiend und gebadet dann im prüfend-mörderischen Licht lagst.« »Mörderisch?« »Ja, das Leben ist ein sehr lebendiger Hingang hin zum Tod. Aber es kann nichts passieren.

Diese Luft = Air und das Leben mögen sich, sie sind dasselbe. Weißt du, du bleibst schon ihr Baby. Sie wäscht und sie putzt dich, innen, außen, immer noch. Trägt uns magisch wie die Gaia. Uns und unser Spielzeug-Flugzeug. Er, Air, Aria, unsichtbar und fast ohne Schwere bis zum Grunde, wo wir jetzt, ciao, patria, ciao, Lugano, in ein paar Minuten landen und in flacherer Luft verschnaufen ... Laß uns einen Augenblick fühlen, daß wir ihre Kinder sind, Luftgeister, sprich Himmelskinder, und der Himmel unser Kind. Wir haben sie geboren und sie uns. Das nächste Mal erzähl ich dir dann was vom weiteren Geheimnis: Kreislauf.«

»In ein paar Minuten landen wir.«

Der Steward staunte. Denn die Flasche mit dem Rotwein war ja gar nicht leer ...

Ruppetiwumm ... Die kleine Dame hüpfte diesmal graziöser über die heimatliche Rollbahn.

Mein Freund kroch auf wie ein Träumer, packte meinen grauen Mantel, half mir wie ein viel, viel Jüngerer, der er gar nicht war, in die Hülle, und als unsere Düsen, ausgehustet, ganz verschnauften, brachte er mich in Verlegenheit.

Er, mein Gott, küßt mir die Hand.

Ich war doch kein russischer Bischof. Tschortsch Wasmi. Ich übersah die Tat, schlug ihm sicher doch etwas verlegen auf die Schulter. Ob der Russe, Russen sind nun einmal so, mir die Hand küßt, war ja nicht so wichtig.

Etwas hatte ihn berührt. Dacht ich. Und dafür war ich recht dankbar.

Aber lesen Sie weiter. Etwas kommt noch.

Über eine kleine Wiese zwischen Bank- und Geschenkläden auf dem kleinen Flugplatz rief ich ihm noch herzlich »Ciao« zu.

Da schien er erstaunt und fremdelte schon
– ein bißchen ... und, ja ...
ich verdrängte diesen Augenblick.

Ich war angetan davon, daß ein Komödiant ein Herr war. Der Stand, ich sag's ungern, in dem ich mich »damals« oder nie »zu Haus« fühlte (trotz der Plus- und Minus-Punkte, der Höhen-Tiefen, die er mir abgerungen),

dieser Stand hatte in manchen Prachtausgaben was vom fahrenden Volk behalten. Was mich manchmal frösteln machte und mich ohne Träne wegtrieb.

Diese Feste ohne Inhalt und der feste Glaube, es gab nichts als dies gekonnte cheesecake und das selbstsuggerierte Weinen um die Hebuka, und zu meinen, es gäb nichts als ihre Orden,

o Gott, nein,

und die Erkenntnis, daß ein größerer Teil der Menschheit diese billige Selbstvergottung völlig Unberufner lebte. Wie davor den Adelskult. O nein – splendid isolation!

Ich wollt ihm, dem Russen, und mir noch vieles sagen (man spricht ja wohl auch zu sich, immer, wenn's um etwas geht). Man ist, ach, wie soll ich sagen, nach der Aufgeschlossenheit ausgehungert.

Nicht, um ihm zu predigen (wirklich Neues eignet sich nie zum Missionieren, es fließt noch zu sehr).

Der Urknall hat uns auf-geteilt, und die sein berühmtes Dröhnen manchmal hören und den Sinn der Auf- und Untergänge fühlen, wollen wieder zueinander.

Zeit des Lebens ist man ja nicht so gern einsam.

Man brauchte zu seiner Heilung,

der Selbstheilung = Me-dicin,

sicher wohl zuerst sich selber,

aber hat man sich erfahren

– es gibt dabei tausend Schritte, Zweifel,

Rückfälle und Fluchten

(das ist Fluch des Erdenlebens –),

aber hat man was gefunden, will

246

der Kreis sich selbst erweitern,

und man sucht, das ist natürlich,

die Geschwister und die Wärme.

Deshalb liebte ich trotz allem die zwei Tage. Aber oben im Castello war ich doch froh! Allein – All-ein.

Und erlebte glücklich wieder, daß man, erwacht, nie allein war.

Man schlief, und am Morgen wurde, in der Feendämmerung Oberons, des Midsummer- and mid-winter-dreams, immer klarer, was die Geister-Väter-Mütter, bis $^1/_2$ 3 Uhr früh geraten.

Wollt ich diesem Manne noch verraten, was mir eine Großmutter, diese Schöne sagte, die mich nicht sehr mochte, weil mein Bruder Franzi hieß, wie ihr Sohn geheißen hatte; und sie fühlte, aus mir würde das, was ich wohl immer war, etwas, so ein bissel Fremdes, was nicht in das Haus gehörte (einerlei, sie hatte recht, und ich werd nicht davon reden).

Diese Frau sagte mir manchmal, wenn ich etwas ausgefressen hatte (was Besondres war's ja nie): »Bua, frog di do selba, ob des g'scheit wor ...«

Schlug mich nie. Sah mich nur an mit den kühlen grauen Augen in dem wunderschönen, schmalen Antlitz dieser Gaby Seltenhammer (so hieß sie, die Großmama) – wußte sie denn, was sie sagte?

Nein, natürlich wußt sie's nicht.

Ich brauchte noch viele Jahre,

bis mir schwante,

was in mir war,

wen ich da zu fragen hatte.

Was in mir und jedem tobte,

in sich selber eingeschlossen,

ahnungslos von Wissenschaften vorgefunden,

war das All.

Exakt bewiesen.

Mikrokosmos nannte man es,

alles, was
ich je erlebte
in den Myriaden Jahren, in denen das
eine immerzu das andre gab,
erlitt und davor so jubelnd zeugte,
Myriaden deiner, meiner, unserer Leben.
All das wartete auf ein Wort:
Ihr seid ich, ich kenne jeden. Ich
bin Ihr.
Ihr seid und ich bin alles.
Gnothi Seauton. Erkenne dich.
Nichts war nötig als ein Horchen in
sich. Es war nichts mehr zu beweisen.
Es war ein erforschtes Sein.
Wie die beiden Worte von Apollon
übersprangen
auf den liebesdurstigen Nazarener,
dem ein tiefer Geist es eingab:
»Euch ist alle Macht gegeben.«
Das, was beinah zweitausend Jahre keiner wußte,
fanden kühle Szientisten, als sie
elektronisch (Irrtum ausgeschlossen)
sahen, wie es in uns wirklich
aussah, wer wir waren!
Langsam löste sich der Bann, der des
Falls, der Schizophrenia
zwischen Zweien, dem Mann, der Frau.
Zwischen Dreien, Trinitas Dei,
Wasser, Luft und bunter Erde,
zwischen Meeren von Partikeln in uns
und den schwarzen Löcher-Stürmen
des Daimonions-Überhimmels.

248

Ich meine, der Stratosphäre.
Ich hab einmal einem »Freund« in
der Art was vorgelesen,
und er sagte: Wortgeklingel.
Ach ja, daß Musik mir wirklich dabei wichtig ist, daß ich sie
durch »Zufall« fand und sie seither immer suche, ist schon richtig.
Daß es mehr als Freude des gebornen
Österreichers ist,
wenn die Worte klingen
man nämlich hörte, lernte und
es gar nicht fassen konnte,
daß ein jedes Pünktchen in uns
tausend Milliarden Hitzegrade messen sollte und wir circa eine
Quintillion
solcher Pünktchen in uns tragen, ach was, sind, läßt das nicht nur
klingen, da reichen sämtliche Trompeten Jerichos nicht aus.
Wenn ich das bin, was in unsren
Milliarden uns so turmhoch überlegnen
Teilchen singt und klingt, positiv wie negativ, sind wir reicher,
als die Götter unserer Sagen es je waren;
es erwarten uns grandiose Aufgaben damit übern Tod hinaus,
Paradiese zu erschaffen. Dann hat all das Auf und Ab, das es je gab
und geben wird, Sinn.
Schon als Kind war ich ein bissel »Odd man out«, obwohl ich
mich bemühte mitzuhalten, Wurst zu fressen wie die andern, die
Salami von den Eseln und die Schnitzel von der Kuh.
Sah ich ihnen in die Augen, die Homer die Göttermutteraugen
nannte, hätt ich sie umarmen können, doch ich tat's
bloß, wenn man wegsah.
Bestien sind exklusiv und empfindlich. Wenn man ans Gewissen
rührt, ist das schon ein wenig »hochverrätlich«.
Ich erzähle Ihnen die Geschichte

mit dem Russen jetzt zu Ende und
dann vielleicht ein paar Seiten noch,
wie die Sache angefangen, die mich
reinbugsierte in den Untergrund der Wege.
Ja, wie ging's zu Ende mit dem Russen?
Tragisch, mit ein bißchen »tongue in
cheek« – wie immer.
Ein paar Wochen nach dem Flug und
den wohlversorgten Kätzchen und
dem Ruhm und Krach von München,
lief das Leben eben weiter. Dann bracht man mir, eines Tages, weiß
nicht mehr wann, ein Exzerpt, einen Zeitungsausschnitt einer
großen Boulevard-Zeitung.

Da stand ein Interview mit dem Russen drin, daß er dort, wo er
jetzt wohnt, herb und charming plauderte, na, das übliche Didschi-
Dadschi, wie man drüben im geliebten, ewigen, originellen Urig-
Worte findenden München immer sagte.

Interviews mit hübschen Bildchen und auch weniger hübschen
manchmal, Tratsch und Klatsch, die dem Verleger Milliarden,
Hochhaustürme bringen. Das geht, ging so mit der Menschheit.

Mehr will in der Regel keiner. Wenn im schlampigen New York
abends man nach Hause hastet, steigt man über Berge solchen Mists
von zerknüllten Mittagsblättern, Reichtum für die Auftraggeber,
Spott und Necken für die »Großen«.

Ich hoff, für die Profitanten des berühmten Mords an Clinton
durch die Niedertracht des Tratschs gab's, wenn dieses Buch dann
rauskommt, längst den wohlverdienten Tritt in den Hintern.

Da gibt es ein Heer von armen Bluthündchen. Sie kriegen nicht
viel, doch sie suchen für die Potentaten Tag und Nacht diese Skan-
dälchen. Reiche Herren und arme Viecher. Und natürlich hat die
Sache wie ein jedes Ding zwei Seiten.

Hansi Niese, eine Wiener Volkskomödiantin, seiner-, seiner-, seinerzeit, sagte: »Solln's schreiben, wos sie wollen über mi, wenn's nur was schreiben.«

Liebt das Volk die Angegriffnen, liebt es sie aus Mitleid noch mehr.

Bei mir war's, wie immer, ein ganz kleines bissel anders.

Ich hatte, von Anfang an, kontinuierliche Skandale. Und wenn ich mich recht erinnere, stimmte keiner. Nicht ein Wort.

Vom »bestraften Größenwahn« (Hollywood) – o Gott, es war doch das Gegenteil: ein Selbstmord aus Verzweiflung, welcher nicht exekutiert wurd, aber mir die größte Findung meines Lebens eingebracht hat: Allhypnose. In der Nacht funkten mir das Meer, die Sterne diese Relevatio. Und der letzte Skandal dann mit 80, 81 (?) brachte mir falschen Sex-Ruhm und stieß einen Sessel um, eines, der ein Präsident werden wollte, der mir eine Grube grub, in die er dann selbst hineinfiel.

> Up and down and up and down
> Nebel, Traum zieht
> auf und nieder
> immer wieder.

Doch ich war kein nackter Necker im Walde des Riesen Shakespeare.

> Ich mochte die Bosheit nicht,
> die der Himmel dieser Zone
> über Sterbliche ergossen.
> Ich war Herr vom andern Stern,
> und grad das
> nahm man mir übel.

Ich paßte so gar nicht rein in die Spießerschweinereien, es langweilt der small talk mich ehrlich und wahrhaft zu Tode.

Ich seh immer in den Domen mittelalterliche Frauen mit Spitzhauben ganz hoch oben in den Dom-Verliesen sitzen (das sind kleine Logen im Gemäuer, reserviert für Weiberleut (Frauenzimmer), die nicht bei den Männern unten sitzen durften.)

Vielleicht störten sie die Andacht, was ich nicht glaub. Frauen sind die Frömmeren – gar nicht theologisch, aber denkend mit Gefühlen – wie die schönen, edlen Tiere.

Aber daß man sie wegsperrte oder hauen durfte nur zum Spaß, noch in meiner Kindheit gab's ganz legitim für die Frauen die Prügelstrafe ...

Kurz, so wurde Tratsch die Waffe der Entrechteten. Rache an der Gaia, von der Gaia. Das hob Dummheit auf den Thron und machte die Kränzchen traurig, boshaft und perfid bis heute.

Nun, ein solches dickes Blatt (solche Blätter werden immer dicker, wie die Unterhaltungswut ordinärer wurde) ist mir ungefähr drei Wochen nach Bavarias Wiegenfest heimgeschickt und zugetragen worden.

Und da stand, mein Gott, das durfte doch nicht wahr sein, daß mein neugewonnener Geistfreund, der sein seelisches Erwachen russisch feierte mit Handkuß, von der Interviewess nach mir gefragt (ich kam ja nie ganz außer Mode), sagte:

»Ein ganz netter Mensch, aber der spinnt doch.«

Sagt es nach der zweiten Flasche, wie da stand.

Und dann kam ein kleiner Haß-Ausbruch aus den untersten Etagen der Blödsinn- und Unwahrheits-Küche der Journaille von »Anno Schnee«.

»Ich hätte nie filmen können, schon als junger Mann nicht, wenn ich nicht ein Mieder getragen hätte ...«

Ich will gar nicht drauf eingehen. Ich wußte doch nicht einmal, wie man so was anzieht ... Um den Bauch rum blieb ich ja rank bis heute. Also:

Dumm, unwahr, unwichtig, was da stand.

Nur er, der Seigneur der Komödianten, als, als pitzelnder Hintertreppler, Wadenbeißer ...

Ich gestehe, ich wurd stumm wie so oft in diesem Leben.

Und ein Spinner? Er verstand in den zwei Tagen nichts, nichts, gar nichts.

Ich rief ihn an. Er leugnete. Gut, er solle dementieren. Dann rief mich das Mädchen an, das das Interview gemacht hat. Und sie sagte, daß das alles wahr sei, was sie da geschrieben habe.

Schlußwort?

Ach, ich wünschte mir, dieses Mädchen
hätt gelogen und der Filmbranche
wäre ein einziger Seigneur geblieben.

* * *

Jetzt: Wie kam's, daß ich so fremd ging,
daß es mich beinah da rausschmiß
aus dem au fond ganz gemütlichen
Alltag im Gefängnis Körper?
Daß es ein Gefängnis war, das dacht ich
verspielt und früh, wenn ich Spatzen sah
im Garten, die nicht säen und nicht
ernten (wie es in der Bibel heißt),
und ein Charme-Geist, der aus ihren Augen spritzt, nährt sie doch. Wenn man nach der hilflos lachend-neidischen Bewunderung für die Kerle aufkroch auf der steinigen Wiese, flogen sie weg wie Regentropfen, Seifenblasen, Himmelskinder, denn sie konnten fliegen.

Das konnt ich nicht.
Welche Schande! Einmal muß ich's
doch gekonnt haben ...

Wenn man über einen Baumstamm balancierte oder in Gefahr war hinzufallen, breitete man automatisch doch die ehemaligen Flügel aus und flog nicht hin, wenn man rasch genug sich ein paar Millionen Jahre zurückerinnerte. Freilich, wenn ich an die Schwal-

ben denke – wie lang ist das her, daß ich keine mehr bei uns sah –
find ich, mein Instinkt ist doch sehr verkümmert.

Kein Flugzeug, kein Düsenjet konnt
da mit. Und alles Automatik.
Macht den Mund auf und ist satt.
Nahrung fliegt von selber in sie.
Allerdings, dann sagt ich mir, »arme
Mücken«, und vielleicht war das
das erste Mal, daß ich zum Gebrauche des
Gefühls kam,

und so nach und nach es merkte, daß bei uns in diesem Leben mancherlei nicht stimmte. Diese Schwalbe war ein Engel mit dem
Kleid, wo blieben die Modeschöpfer neben dem Schwarz-Blau-
Glanze ganz normaler Schwalben – Federn ohne die geringsten Falten.

Was mußt man beim Schneider zahlen, daß ihm so was nicht
gelang ...

Und war doch ein Massenmörder, dieser holde, geniale, wunder-
wunderschöne Engel. Vielleicht fing mein Ausnahmezustand, den
mein Reise-Alt-Kollege (na, Sie wissen schon, der Russe) beim
Bavaria-Geburtstag, München–Agno, Spinnen nannte.

Und so sehr mich das enttäuschte, glaubt ich doch, etwas Liebe-
volles, eine Sehnsucht rauszuhören nach Aufklärung unseres Wunders.

Denn natürlich spinnen wir alle. Spin ist eine Wissenschaftsvo-
kabel englischer Provenienz und heißt »drehen«.

Fast hätt ich wie Hamlet jetzt ausgerufen: »Das ist's, was uns
zwingt, stillzustehen« und zu bemerken, daß da alles verrückt wur-
relt und keiner, der nicht gerade schwanger wird oder sonst in Ohn-
Macht fällt, ohne Macht wird über sich, merkte was von unserem
Zustand.

256

Was ist das, wer dreht, wer sitzt an der großen Kurbel, und was
soll diese Fast-Nacht en gros,
groß
(ich laß einen Buchstab weg und sprech gleich fließend französisch). Gibt das einen Grund zu scherzen? Oder ist es groß.

Steht hinter dem äußerlich hier Erlebten doch was Grauenvol-
les, Zynisches und Übermächtiges – hinter diesem Hurrikan von
Nicaragua eine Geisterbestie, die zehntausend Leute, alle Tiere, alle
Pflanzen niederwalzte und im Gespensterhui zermalmte.

Nützt es uns, wenn ein Gelehrter sagt: »Nein, das ist alles natürlich? Bringt's viel, wenn unsere Natur bösartige Dämonie heißt?
Macht das nicht noch alles schlimmer und gibt Stalin, Hitler, Mao
recht?

Was als Luftgeschöpfe, die wir immer blieben (denn die Atem-
Luft bleibt doch das Leben), was uns sichtbar werden, fallen ließ, da
das Fleisch und die Knochen schwerer sind als Luft und Geist
(daher müssen Körper immer fallen, auch im Leben, auch im Sex,
Krieg und Tod, in allem, allem),
kurz, als die Materie um uns wuchs, als das Mütterliche hochkam,
war das bestimmt nicht nur Zauberei und Drolerie, die nach Spaß
und ein paar Küßchen wieder abhob in die Wolken
und »Carne-vale« – »Ade – Fleisch« sagt …

Das hieß Götter unterschätzen.

Man spürt auch im Himmel, also schwerelos und noch oben –
daß nach erstem Spaß an Bosheit, Abenteuer, Sehnsüchten, man
an Helligkeit verliert und die Wolke dunkler wird, die man war, als
die man flog, und der Sturz ganz automatisch folgte. Man erlebt's ja
doch auch hier.

Eingeborner Zweck der Schöpfung (was den Größten wie den
Kleinsten als Zweck zwickt) ist, Sinn zu finden oder seinen Glanz zu
verlieren, das Durchscheinende des Glases,
das die Werte sichtbar macht.

Hier im undurchsichtigen Schwirren sieht man die gesuchten Spiegel seines Erdenspieles nur in den entwachsenden Atmosphären des Langsam-Er-wachsen-Werdens.

Man fällt also nicht nur spielerisch (wie reizvoll das auch sein mag in den Armen der Gespielin) –

man fällt in das Ungewisse aus Gewissen.

Reinigung ist die
Parole, die die Götter
wieder freimacht,
die gefangen in den
Leibern wie in Wasch-
maschinen pusten,
dampfen, strampeln, toben, beten.

Man muß nur versuchen,
sich das eigne Mikroleben vorzustellen, das Aufschnellen, das Sich-Reiben aneinander. Tiefer steigen, wo Geheimnis Feuer wird.

Im bescheiden-heißen Sex fand man hier davon Entsprechung dessen, was in einem dauernd glühend, göttlich-teuflisch schnell und mächtig, lautlos-brausend vor sich geht.

Alles reibt und reinigt sich, reißt
die Lücken in die Leiber,
schon als Wolken machen wir aus uns
schwarzgewordene Wetter, die Gewitter.
Blitz wurd Same, zündet, zeugte
Munden und schafft wieder Wunden,
stößt als Rätsel-Leben Todes-
Schmerzensschreie aus,
wenn er echte Lust empfindet,
schwebt nach allem Rauschen auf
und trägt seinen Traum nach oben.

Wie durch Nebel habe ich all das, nüchtern, träumend, wieder trunken, ruhigen Antlitzes empfunden.

Ich hörte in meiner Stadt, uralt, Gotik überpinselnd, aber in skurrilen Masken ständig weiter demonstrierend, den Mönch wimmern, den der Abt schlug, und das nackte Blondchen flehen, daß der blank entblößte Schwede ihr jetzt wieder Frieden gäbe, den sie eigentlich nicht wünschte.

Merkte mir selbst gar nichts an und die anderen mir schon gar nicht, wenn ich solches phantasierte, hinhatschte als kleiner Bub ins Bundes-Realgymnasium, und die uralten Gespenster aus den Granitmauern krochen unter meinen Mantel – Hundskehle hieß die gewund'ne, steile Straße, wo die Türken sich dereinst blutige lange Nasen holten an der christlich-hochbegabten Verduner Altarkultur unbewußter, ungewaschner, starker Kerle, die im Kampf zu Helden und als Bayern, Franken nur ein bissel feiner wurden, nicht viel, aber eben doch. Aus Bier wurde Wein und ein Großreich Austria, in dem die Musik entstand. Und die Sonne ging nicht unter.

Ein Integrationsgenie holte sich aus Augsburg Mozart und aus Bonn den Beethoven, aus der Schweiz die Habichtsburger, und ein Holzschnittschädel Pertram baut ihnen den Stephansturm.

Will nicht sagen, daß die Phantasie mich besonders trieb. Ein nicht allzu zarter Körper (ach, im Gegenteil, recht kräftig) aus Uraltem und aus Neuem, dekadentem Adeligen, Bauernbürgerstolz vom Land bis zum ewigen Sturm von Nepal. Einiges, was in ihm lebte, war wie ein anmutiger Hund, Nase hoch, recht bis ganz gut: mühelos alles erschnüffelt, apportiert, erhält er sich.

Schritt für Schritt sank das Bewußtsein ganz unmerklich immer tiefer, und ganz unpathetisch zog seine Seele in die Weite und zeigte dem Kind und Mann und dem Greis secreta et occulta manchmal in ganz hellen Farben.

* * *

Unbegründet, unbegreiflich ging recht oft in mir was vor,
sichtbar nur with the mind's eye, mit dem geistigen Auge heißt das,
ich würd sagen, nur für den, der das Wichtigste des Lebens sieht, das
natürlichste der Wunder: Aura.

Es ist dreißig Jahre später, und ich bin ein berühmter Filmstar in
Deutschland, Österreich, Rußland, Spanien und Honduras.

Letzteres nicht nur, weil sich's reimt oder Spanisch-Indianisch so
romantisch ist. Aber Geishas küßten mich tatsächlich in Japan, und
es gab die Blütenkränze in Benares und die Ehrung wilder Stiere
drüben in Mexiko und die vielen Komplimente von Fellini und De
Sica und die dunklen Unterwasser unterm Glanze all der Kirchen
und der echten Beter Indiens.

Ich hatte mit meiner Frau ein, ah, nein, vier oder fünf Grund-
stücke erworben, ein Castello aufgerichtet, das viel von sich reden
machte und tatsächlich unique war, das heißt, ist, ich und es sind ja
noch immer.

An dem Tag, den ich beschreibe, wurde grad der Garten fertig.

Schon am nächsten Tag mußt ich wieder weg. Monte Carlo. Filmen. Filmen.

Der Sohn unseres Gärtners, Manni,
Peter Manni, saß zum Abschluß seiner
Arbeit mit den andren, seinen Burschen,
unterm Dach der Pergola.
Froh, daß es zu Ende war, saß er da, sah
auf die Palmen und die Thujen. Hinten
in der Schlucht stand, neben einer neuen
roten Brücke eine 700jährige Kastanie …
So alt wie die Schweiz. Als einer ihrer
riesigen Teile starb, legte ich ihn – ließ ich
ihn legen – als Kreuz der Memoria neben
den Stamm, den heiligen Vater.

Dieser Peter Manni war ein blonder Riese – nach der deutschen, alemannischen Mutter –, gar nicht lebhaft wie der Tessiner padre, einsilbig, ein bissel stumpf, nix vom Vater.

Der hatte an diesem Tage eine ganz stupende Ausstrahlung; ein Fluidum um sich, saß er in der Mitte der bierfreudigen Stullenbampfer,

fremd und ferne,
wie ein Jüngling aus der Sage,
aus der biblischen Geschichte. So was!
Ich ging weg vom Fenster, von dem ich's gesehen hatte, packte weiter meine Koffer.

Um eins, nach dem Essen, wollt ich mich verabschieden und den Arbeitern
ihr Trinkgeld geben
und sah auf dem Platz vor dem Rosenteich Peter stehen, ganz allein,
und um ihn sah ich das erste Wunder
meines Lebens:

Flackernd, blinzelnd,
sternenhaft tanzte
sprühte – wie Raketen
eines Weihnachts-
baums –
ein unfaßliches Mirakel,
wie der Gnadenmantel
der Madonnen in den
tollen gotischen
Domen.
Das ging aus und war um ihn,
reflektierte in dem Wasser,
war um seinen selig-
lächelnden Mund.

Dann war's zu Ende.
Wissen Sie, wenn man das sieht,
mir ging's so,
dann fällt man nicht auf die Erde
und preist Gott und ringt die Hände.
Man schaut hin und sieht,
wie der Gruß der andren Sphäre
wieder auslöscht und verschwindet.
Emotionslos weiß man, daß das
Wunder Teil der Welt ist.

Zwei Tage später sprach ich mit der Nani, meiner Frau, von Nizza aus, wo ich drehte, und sie sagte: »Stell dir vor, den Manni Peter hat ein Öltank erschlagen in der Baugrube. Ein Strick riß.«

Kam dann einige Zeit kein solches Wunder, fühlte ich mich »nicht zu Hause«.

Doch sie kamen, und mit ihnen oftmals Unglück.
Ein Lastfahrer fuhr zum Bau unten auf
der Strada Cantonale, 60jähriger
Mann, ein kantiger Cäsarenschädel, der
nicht rechts sah und nicht links, mager,
triumphal, romanisch, kahl.
Er fiel mir auf, weil er so schön war,
eine Imperatorbüste.
Transportierte Sand und Ziegel.
Unten an der Straßenmündung, beim
Spazieren oder Ausfahren, sah ich ihn
fast regelmäßig. Und un-homosexuell,
wie ich bin, zog mich etwas immer mehr
an ihm an, denn jedes Mal wurde sein
Lächeln tiefer. Ohne jemand anzuschauen.
Er sah nichts und er sah mehr.
Lenkte völlig automatisch, weil er's

immer schon getan hat.

Und dann ging's zu Ende.

Er sah violett aus. Auch sein Overall.

Und am nächsten Tag ging Flutlicht
über seine Arme, und das Lächeln
wurde heller.

Nächsttags züngelte ein lachender Kranz
ihm um die Stirn.

Und dann war er tot.

Das heißt, ich sah ihn nicht mehr.

Achtundvierzig Stunden später sagte die Cecilia,
die es auch schon lang nicht mehr
gibt: »Cosa dice, professore ... Carlo è via.«

»Wer ist Carlo? Wieso weg?«

»Ach, Sie kennen ihn ja nicht. Unser Carlo«, und sie weinte, »conducente, Chauffeur; er fuhr einen camion gleich neben uns. Lei sa.«

»Ja, was ist denn mit dem?«

»Er ist in den See gefahren mit dem ganzen carico.«

»Mit dem Wagen und der Ladung?«

»Si.«

Das war dieses unvergeßliche Erlebnis. Es gab Pausen, längre, kürzere in dem Spiel, das die Begegnung mit dem Unsichtbaren mit mir trieb.

Denn normalerweise sieht man das nicht, was man als sein nächstes Selbst alle paar Minuten ausatmet. Und das ist die Atmosphäre, Aura. Ich erinnerte mich, daß ich einst vor hundert Jahren einmal ganz gut in Latein war. Mathematik kriegte ich »geliefert«, doch Latein haben angesehne Buben, gute Turner, schöne Burschen scharenweise abgeschrieben von mir.

Ich hatte das längst vergessen, aber jetzt stand die lateinische Vokabel respirare plötzlich wieder vor mir.

Dies »spirare« heißt doch Atmen, Hauchen, Wehen, Schnauben, Duften, o ja, auch begeistert sein. Und das war ich, denn ich sah, daß

Spiritus

das Hauptwort dieses Verbums ist, und das hieß nicht nur Atem, sondern auch der Geist, die Seele.

»Heiligte« man diese Worte,

war in weitem Sinn der Atem-Gott!

Und vertraute man auf ihn, konnte solcher Atem heilen.

Egon Friedell, der ohne Zweifel brillanteste Kultur-Philosoph Europas, wohnte, wie Freud damals, im 9. Bezirk von Wien, wo auch ich im Riesenschatten Schuberts jung-studentlich rumgehatscht bin.

Wie Freud durft ich auch Friedell manches Mal begegnen.

In der Einfahrt »Josefstadt« sah der große Egon mich eines Tages mit seinen kleinen, blauen Augen an, und en passant sagte er wie nebenbei zu dem 17-, 18jährigen:

»Du wirst's auch einmal nicht leicht haben.«

»Warum?«

»Mhm, du hast den rosa Kranz um den Schädel.«

»Heißt das, daß ich nicht lang leb?«

»Was weiß ich«, er war sehr herb, »aber alle Spießer werden dich nicht mögen.«

Ich war geadelt.

Friedell ...!

Er kommt mir nicht nur wegen der Aura in den Sinn, sondern auch wegen »respirare«. Er sagte auch einmal: »Die humanistische Bildung können nur die schätzen, die sie nicht genossen haben.«

Nicht lang später spürte ich, ohne Umweg, ohne Segen dieser großen alten Leute, die ich liebte, ohne wesentliche Mühe, nur so, aus dem eignen Innern:

dieses respirare – bis hinauf zum

Spiritus – in uns leben.
Worte, die dem alten Rom sich
lateinisch eingegeben, aber ganz
natürlich in uns wurden.
Denn zeit unseres Lebens, angefangen bei dem ersten
Schreckensschrei, diesen todgeweihten Welten von Geburt an
anzugehören –
70, 80, 90 Jahre –,
atmen wir doch alle paar Minuten
ganz natürlich ein Stück Seele aus,
damit sie rund um uns
eine Atmosphäre bilde
und beim letzten Atem-
zug uns vom alten Sein befreie und
zu der nächsten Halte-
stelle trage, zu dem
nächsten Tierkreis-
zeichen oder, wenn das Soll erfüllt
ist, in die Freiheit.
Aus dem unsichtbaren
Geist- und Seelenmantel, der
der wesentliche Teil des Lebens, das
selbstausgeatmete Schutzwerk hier und
Fuhrwerk dann für die Freiheit aus der
doch oft harten Schule ist,
fällt uns hier schon Tag und Nacht
alles, was das Leben kostbar
macht, mühlos ein.
Man nennt diesen warmen
Regen aus der eigenen
Atmosphäre: Ein-Fall.

269

So. Jetzt schlag ich vor, eine kleine Ruhepause bis zum nächsten Rendezvouz. Wenn Sie wollen, kann ich Ihnen noch ganz viel erzählen, und vor allem solchen, denen dieses Mal das Hiersein doch recht grausam und in vielem sehr barbarisch vorgekommen, Krankheit und Dauertode, von denen wir unsere Nahrung finden, manche ohne viel Gewissen; manche sagen bei dem Anblick des Lammleibes auf dem Teller: »Das ist mein Leib«, und sie wollen sich und andere von diesem Leben eines unabänderlichen Todesurteiles erlösen. Ich bin stolz, o nein, tief dankbar, daß mir ein-ge-fallen ist, einen schlüssigen hieb- und stichfesten Beweis zu finden, daß weder der Tod noch die Bestialitas, der wir Schritt für Schritt begegnen, wahr sind ... Wir drehen – außen, innen, aber noch mehr uns in Wahnsinnsrotationen, kosmisch-komisch – karussellig. Jede Deutung ist erlaubt, jedes Ja und Nein zum Leben.

Euch ist alle Macht gegeben, ist ein großes, heilendes Wort eines großen, heiligen Jünglings.

EPILOG

Wie fing dieses Scriptum an?

Jetzt geht also auch das Leben recht bald flöten, nicht?

Oder sonstwas. Irgend etwas in der Art.

Also: Darum rasch zum Abschied noch ein Schlußwort, eh's zu spät ist.

Ich glaub, ich hab auch vergessen, mich den Jüngeren vorzustellen. Name steht am Umschlag. Fast fünf Dutzend Ehrenzeichen oder Titel, Preise, Orden, Hochachtung und Haß der Intellektuellen nimmt man, voll Bescheidenheit, als bekannt an.

Wenn ich mir ein Taxi in die Wolken leiste – vielleicht schafft auch noch mein Oldtimer-Mercedes diese 60 km durch die Lüfte, bis das Nichts da oben erreicht ist? Müßt schon gehen, er ist ja erst 27 – oder genügt meine Seele, die ich als »Vehikel Mortis« uns erfunden?

Bon, wenn alles das erfüllt ist, was,

Kinder,

bleibt von mir übrig,

hier, auf unserer krümeligen Erde,

dieser rund-braun-grünen Mutti?

Denn dem Mimen, sagt das grandiose Schwäble, flicht die Nachwelt keine Kränze.

Also, von dem Burgschauspieler oder Deutschen Volkstheater-Jung-Star weiß schon heut kein Mensch mehr was. Die Backfische von damals sind jetzt gute sechzig Jahre – und wer hört der Oma zu?

Dabei war ich damals wirklich – na, ich kann mich ruhig loben, man hält's halt für Altersblödsinn, aber wenn noch einer lebt, pardon, eine, wär mir lieber, sie würde sagen: So etwas kommt nimmer wieder.

Hoff so sehr, sie hätte recht,

ich blieb gern das nächste Mal – oben. Denn da ... Auch in London kennt kein Schwein mehr den Lawrence Olivier, und der war ja wirklich nicht nur Ritter, der war König, besser als Geboren-Gekrönte.

Und wer wüßt von Shakespeare noch was, wenn der nicht gedichtet hätte?

By the way, den lieb ich wirklich, der – dichtet, wie der Bosch malt, färbt nix schön und weiß, daß Schreiben sinnlos wird, wenn nicht ein Es-eben-so-tun-Müssen, eine Sehnsucht nach der Wahrheit einen vorwärts stupst und schleudert. Was ich immer in mir hörte, war ein Schrei, der zum Sang wurde, und der Nackte Leonardos, ein ganz unverlogenes Herrgottnocheinmal:

Wer bin ich?

Daß ich so schreib, wie ich schreibe, hab ich nie beabsichtigt. Ich glaub überhaupt, daß Absicht stets ein listiger Irrtum ist, der verstimmt und letztlich schadet.

Der Kampf mit dem Leben, der wie der Todeskampf ohne Frage doch besteht, sollt der Selbsterziehung weichen: Strömen lassen und nicht denken. Dazu muß man sich bequemen.

Denken ist des Lebens Narr, sagt Great Willy, den wir grade stürmisch priesen. Und das zu begreifen und zu leben ist, was Tiere können und die Kinder und eben einige wenige Urviecher, würde man in Bayern sagen.

Ich hab geliebt, dort zu leben.

Daß es Shakespeare oder Bosch selber konnte, wag ich zu bezweifeln, denn Geist haben, kreativ sein und das wieder überspringen, leben, sind zwei Phasen oder Tempi, die sich nicht so gut vertragen.

Nochmals:

Warum ich so schreibe, daß ich das noch
rasch erwähne, und es heute gar nicht
mehr anders könnte,
hat wahrscheinlich – völlig
absichtslos –
seinen Grund darin,
daß das Runde, Musikalische, das
Natürlichste der Welt ist,
einfach weil diese sich dreht und die
Rotation die Basis ist.
Und mit der Natur leben,
erspart in der Regel oft den Doktor.
Die Melodien zeigen meist,
ob was stimmt oder was falsch ist.
Hört man psychische Musik,
ist das eben Selbstkontrolle.
Rhythmen nehmen Hemmungen
und sie passen in den magisch-
wilden Walzer,
den das Universum tanzt.
Nein, man sieht's nicht, aber etwas
in uns wiegt sich doch danach
und läßt einen damit leben.
Das zum Wie, zur Form.
Zum Was? Zum Inhalt? Ich werd oft
gefragt, wieso ich zu diesen Themata
komme: als wahrscheinlich diesbezüglich
einziger in unserer Endzeit aufzuhorchen,
Fragen zu stellen, die sonst kaum einer
erhebt.
Ja nun. Die Gewitter kommen näher,
finden Sie nicht, und die Engel muß man

273

rufen, glaub ich.

Regenschirme nützen nichts, wenn die
hurrikanischen Teufel mit den Wassern
über tausend Meter schmeißen.

Ich glaub auch nicht, daß die beiden Kriege des Jahrhunderts
ganz zufällig plötzlich da waren und die Ordnungen zerbrachen.
Das war doch nicht nur edelmännischer Altersschwachsinn und
im Zweiten Weltkrieg proletarischer Sadismus. Unruh überfällt
einen, Tobsucht hat recht tiefe Gründe. Wir sind ja ein Stück
Natur, die bekanntlich sich selbst auffrißt und aus heiterem
Himmel Mordio schreit und die Rache aus dem Schlachthaus auf-
gast.

Was soll da die unsagbar kurzsichtige Psychiatrie, die mit Pülver-
chen kurieren möcht, und die Psychologen, die wehklagen, daß die
Eltern ihren Kindern manches Mal den Po verhauen.

Ich habe in andren (ich nenn's ungern) Arbeiten ziemlich viel
davon erzählt, was mich aus der Bahn geworfen und mich moderat
dahin setzte, wo ich sitze ...

Sehen Sie das Jahrtausend, das so freundlich war, exakt mit mir
alt zu werden,

es wird demnächst ja 2000,
aber ich auch 84,
ist, nehmt alles nur in allem,
hochbedeutend. Und vor allem das
Jahrhundert.
Leibniz, Leonardo, Bosch und Johannes
haben nichts so Hochbrisantes
aus der Erde hochgewirbelt
wie Planck, Einstein, Hahn und Braun,
Crick und Watson und Konsorten.

Keiner von den Alten ist je auf dem Mond gelandet, hat den
Gott in sich entdeckt mit Kernspaltung, mit dem Hahnschen Plus

und Minus. Überwindung des Gegebenen und der bis dahin bloß den höchsten Kreisen vorbehaltenen Totalzerstörung.

Manche habe ich gekannt von ihnen, aber keiner dieser Bürgersinns-Intakten, dieser hochmoralischen guten Männer fragte, woher und aus welcher Ecke ihr Genie kam, wo die Gefahren Wrights und Daimlers liegen und wo ein lieber Gott in uns wohnen könnte.

Ja, jetzt habe ich geschrieben und geschrieben und geschrieben, und jetzt kann ich endlich wieder arbeiten.

Schreiben ist ja mehr Vergnügen.

Jeden Tag, im Morgengrauen,

fällt mir (unberufen) beinah immer

etwas ein.

Ich hab mir versprochen, wenn das nimmermehr der Fall ist, die bewußte Reise anzutreten, um an Ort und Stelle mich zu informieren.

Bis dahin bin ich auf Wahrträume angewiesen. Aber, wie gesagt, man fühlt, wenn sie stimmen.

Geht Ihnen das auch so? Wenn Sie jemand anlügt, müssen Sie das erst verdrängen, bevor Sie ihm gutmütigerweise trotzdem glauben.

Gestern träumte ich, ich wäre (naheliegenderweise) wieder auf so einem Filmset. Ich hörte es ganz verzweifelt quieken.

Und ich wußte, das war Gusti, ein Glücksschweinchen, das das Team aufgezogen hatte.

Dunkel. Hell. Dann hörte ich die Stimme eines zweiten Assistenten. Kichernd (nein, er lachte dreckig): »Heute wird die Gusti abgeschlachtet. Heute ist der Film zu Ende.« Als ich schlief, war ich weit weg. Bei dem Ruf des Lausebengels war ich wieder unter Menschen.

Das war gestern. Heute hatt ich eine längere Wanderung im Bett. Jeder kennt das.

Es war halb drei in der Früh. Ich hellwach.

Da wanderten wissenschaftliche Fakten und endlose Zahlen umeinander. Es waren Träume andrer Art. Waren erstarrt und mathematisch, aber tanzten trotzdem. Ziffern sind für mich stets Schlänglein, die sich biegen und auch sprechen. Römische sind erektiert, steif, ja, ja, wie sie sich dehnen, die arabischen von heute schmiegen sich und spielen Weibchen.

Alles ist so rund an ihnen.

Diese Nummern, Ziffern, Zahlen

bieten mir seit langem

eine Weltanschauungsrevolution an,

die sich für den Abschluß hier eignen könnte.

Ein Interviewer, dem ich offenbar nicht genug vergrübelt vorkam, fragte mich einmal, wieso denn kein anderer vor mir die All-hypnose und die Definition des Nichts oder mancherlei Pointen der Etymologie erfand.

Und ich sagte, weil das Selbstverständliche nicht auffällt.

Und so ist es bei dem Schluß, den ich aus der Findung des

Erbrezepts

gezogen habe.

Wissen Sie, was das ist, das Erbrezept?

Für uns doch wahrscheinlich viel, viel wichtiger als die Spaltung des Atoms, die Erfindung der Raketen und des Flugzeugs, der drahtlosen Telegraphie, Faxerei oder des Lichtstroms.

Denn das Erbrezept hat den Tod abgeschafft. Ich mach keine Witze, wissenschaftlich aufgehoben, es fiel bloß niemandem auf, und die Angst davor

und damit das Wichtigste, wofür wir hier angetreten.

Ja und dann hat es mich persönlich von dem Odium und Ruf des Verrückten freigesprochen.

Das kam so.

Nicht wahr, wir sind alle angetreten, um uns zu disziplinieren. Dazu gehört auch ein bissel Angst vor sich, und die hat nun einmal eine Hauptpointe: Angst vorm Tod. Das ist ein Erziehertrick unsres Lebens. Denn in Wahrheit wechselt nur der Zustand. Wir haben, glaub ich, einen wichtigen Beitrag zum Beweis dessen gefunden. Nämlich, daß die Atemluft (die Psyché = die Seele) dauernd aus uns aufsteigt (exhalierend = ausatmend), schwitzend, alles mögliche und um uns die Atmo-Sphäre bildet, womit deren Kräfte ständig wachsen und der vorige Zustand, der des Körpers, schwächer wird. Das geschieht, solang man lebt = atmet. Atemkultur ist somit nicht nur die Kraft dieses Da-Seins, sondern auch der Weiterreise in ein andres, logischerweise noch viel Wichtigeres. Schaffen Sie der Luft in sich Platz. Lassen Sie sich von ihr führen. Sie werden's auch fürs Sich-hier-Wohlfühlen nicht bedauern.

Im Grund unterliegen alle unsere Zustände stets dem nämlichen Gesetze. Wie die Menschentiere oder Gegenstände haben die Zustände durch eigene Strahlung einen Kreis um sich, bis das Kreißen (Sie verzeihen, ich gebrauch den Ausdruck öfter), bis das Sich-Gebären abnimmt, langsam sich die Wunden schließen und man seine Ruhe findet im Nichts eines heilenden Friedens. Noch nicht wie Brahmanen, die aus täglicher Usance ihre Weltenschlüsse ziehen, nein, einfach wie Hans und Grete das so täglich exerzieren, wenn sie abgerackert, manchmal sogar mit oder nach Erfolg in ihr Bett fallen und, was ihre arme Seele vergoldet, tief aufseufzen: »Das heut hätten wir geschafft.« Gab Ihnen Ihr guter Geist, den wir eben nebst viel Bösem auch in uns haben, daß Sie das zu Ihrem Weggefährten – Frau, Hund oder auferstandnem Schutzgeist – sagen können, die Parole, die Sie einläßt in den nächsten Zustand. Ja, in den nächsten Zustand. Denn die wirklich großen Guten halten es im Paradies, im heiligen Nichts, nicht lange aus. Immer folgt im Kreis was andres. Oder glauben Sie, die Mutter Teresa schwebt nicht längst schon wieder über dem Inferno von Kalkutta? Das ist der Beruf der Engel.

Unsre Zustände sind rund wie der Kosmos. Ein Rad mit so vielen Speichen, die man nicht sieht, aber spürt, wenn sie knirschen; aber wenn sie sich zu Ende drehten, ist man immer ein Stück weiter. Langsam kommt man dann nach Haus, wo's ganz still ist, eine zeitlose Zeit ohne Kronos mit der Sichel, bis man aus der Süße plötzlich wieder aufwacht. O Gott, wo ist sie, wo ist er?

Heilig macht einen nur Helfen.

Das ist keine Hypothese. Jahreszeiten, Niederschläge und die Recreatio jedes Grases sprechen eine klare Sprache.

Weiter zu der Wichtigkeit jenes »Erbrezeptes für jeden!«. Das war, glaube ich, in den 50er Jahren. Da schlossen drei junge Leute, zwei englische Seesoldaten und ein Yankee (ich glaub, aus Chicago), vom Zweiten Weltkrieg heimgekehrt, einen Kreis zurück zum Märchen, wo die Tiere reden und die Eichen, wo's bei allergrößten Sehern, Homer etwa, Feen gibt und die Welt verzauberter Einheit (Unsichtbarkeit und der Mensch reden wieder miteinander, wie's die andern Phänomene, knurrend, wehend, brausend, seufzend immer taten).

Der Kreis der Erfindung ging so weit, wie es die Entdecker wahrscheinlich selbst gar nicht wußten!

Die Essenz davon:

Wir bestehen aus Zellen. Das hat sich vor Virchow schon herumgesprochen. Es sind ungeheuer viele. Und jede hat einen Kern, ein Zentrum. So klein, wie es gar nicht vorstellbar ist. Und in diesem Kern spielt sich etwas Tolles ab.

Die drei Männer fanden (und ein Engel führte sie mit der Hilfe Wilhelm Röntgens, der die Welt durchleuchtet hat und der damals lang schon tot war – und im Olymp der Wissenschaften),
die drei fanden eine heilige Schrift in uns. Nicht in scrolls im Roten Meer oder einer Bhagavadgita, nein, in unseren lebendigen Lei-

bern. Im Bruchteil eines Millimeters schrieb und schreibt sie seit Milliarden Jahren unser Schicksal mit nuklein-sauren Lettern, die da sich zu Worten formen, Sätzen und natürlich viel, viel mehr.

Von dem brillanten Biologen, dem Prof. Hass aus Wien, habe ich weitere Schauerwinzigkeiten über Kern und Schrift erfahren ... Es sind Doppel-Stränge, an denen die Buchstaben hängen. Und bei jeder Zellteilung erhält jede Hälfte das gesamte Erbrezept auf den Weg mit. Daran sind wir schon gewöhnt, daß alles, was auf die Welt kommt, wieder diese ganze Welt wird. Mit Wundern sind wir verwöhnt.

Da wundert uns in der Regel nichts mehr. Aber was sich hier getan hat, übertrifft doch beinah alles.

Man entdeckte tiefste Mira seines Körpers.

In so nichts-ähnlichen Körperteilchen schreibt unsere Geisterschrift, seit es unsere Welten gibt, alles auf und alles vor, und der Strang,

an dem sie hängt,

ist so lang, daß,

in unsre Schreibform übersetzt,

sie zehn Bände einer Enzyklopädie mit je tausend engbeschriebenen Seiten füllen würde! Was heißt: würde, oh, sie tut's doch ...

Was ist das Resümee dieser Findung?

Daß das alles so dämonisch klein ist, hat meine Überzeugung bestätigt, daß wir, was die Sichtbarkeit angeht, immer zwischen Nichts und Nichts pendeln mit dem Atomos als Baustein.

Niemand, auch kein Wissenschaftler, o nein, die schon gar nicht, hat jemals oder bis jetzt unsere Existenz als Mikrokosmos überhaupt begriffen.

Es erschreckt wahrscheinlich zu sehr, wenn man das, sprich sich, ganz ernst nimmt.

Wissen Sie, als halbes Kind, mit Religion nur en passant durch die Kunst oder das Unglück manches Mal befaßt, verbunden, glaubte ich aus Tradition und Bequemlichkeit, daß ein Blick nach oben helfen könnte. Man tut das, Luft aus sich holend, unbewußt und automatisch. Und dann fiel ich tiefer. Und ich schaute daher höher, und fand, daß der Aberglaube gar kein Aberglaube war, sondern tiefbegründet (sagt man nicht so?), tiefbegründet in uns lag. Aus uns – das war eine Relevatio, eine Offenbarung großen Umfangs – stieg doch dauernd unser Atem, Odem, (Odin nannte man im Norden den leuchtenden Göttervater) auf, und, fand ich, aus ihm wird, festgehalten durch Hypnose, durch den animalischen Magnetismus meines Landsmanns Dr. Mesmer, der das Wort und diesen Vorgang aus sich selbst erfunden hatte (vor 200 Jahren in Wien, im Hause von Mozarts Vater), die bereits erwähnte Dunstkugel. Dieser Atem, fand ich, bildet um uns unseren Schutz und Schirm vor der Umwelt, ähnlich einem gotischen Gnadenmantel der Madonnen, eine Aura, die das Innere eines jeden Wesens zeigt und die vom Grauen bis zu bunten Farben und dem Aurum selbst, dem Gold, nun, das war das Schönste meiner Findung, das Transportmittel, die Wolke wird, die uns wegträgt, wenn der Tag kommt, die uns aufhebt, leicht-light-licht macht, wenn der Körper ausgedient hat.

Noch was Bessres fand ich dabei. Es war keine Phantasie, keine innig-fromme Hoffnung eines wurmgewordnen Geistes, also unsres, es war logische Erfahrung, es war das Bild der Natur, in der wir leben, schnaufen und ganz selten uns erheben – sexuell oft (doch das gilt nicht, das ist Rausch und hat's auf Nachwuchs abgesehen, auf Verschiebung auf das Nächste – Neuauflage, nächstes, nächstes, nächstes Leben –, auf die Kinder, wie man hofft). Man selber verdummt dabei – selbstzufrieden. Der, in dem das Schicksal selbst schrie nach der Wahrheit, Wahrheit über das Secret, den Abfall, das Geheimnis, das wir sind. Halb Bestie, halb Engel, die Ernährung Massenmord, täglich, stündlich an Geschwistern, Säugern, Sehnsucht in Geschlecht und Augen, die zu Lebzeit schon erlöschen, wenn man sie nicht seelisch kost, und den Fischen in den Netzen,

Tausende zu Klump gepreßt, und den größeren mit dem Haken in zerfleischten Obermündern.

Das ist keine Ausnahme und der Galgen für den Täter; das ist Alltag: Pfeffer, Salz und Bratenrock oder Minispitzenhöschen und ein strahlend sonniges smile nach dem Mahle und dem Beischlaf. Niemand störte dieses Leben, vielleicht den Franz von Assisi, aber – mein Gott.

Ich erlebte all das ohne seidnen Morgenmantel oder grimmig rote Mütze, stumm und stummer, und begriff's zur Ehrenrettung aller Kreatur nach dem Falle in die Bäume und die Träume und Umnachtung zwischen Wunderklängen Mozarts oder Zauberworten Buddhas als das allhypnotische Wandeln im Schumm des lebendigen Schlafs.

Da waren Wildgesänge Presleys, sich aus sich selbst rauszuschütteln, und das männlich-unterdrückte Schluchzen Rilkes. Jeder ist entzückt davon und begreift nicht, was da vor-geht ... Wissen Sie, hören, sehen genügt nicht, unsere kosmische Hypnose zu erleben! Sie ist und sie liegt in der Natur, in der Mathematik und der Drehung der Gestirne und Atome, Elektronik, die uns das Denken abgenommen. Auch Gefühle, Konsequenzen?

Diese unbeschreiblichen Kreise in den Pfützen, wenn ein Steinchen reingeflogen. Dürer selbst vermocht nicht immer, dieses makellose Rund zu erzeichnen. Und mechanische Zirkel haben keinen Zauber. Ihnen fehlt der Schweiß, die Träne, das Ingenium Leonardos. Jedes Wort wartet in uns, sich in unserem Arm zu öffnen, weil die große Heimat Nichts und Gefühl eben Geschwister.

Alles wartet auf die atemlose Pause, die allein die Schöpfung zaubert und dann jene tobende Schönheit heiligt.

Ist etwas erst auf der Welt, träumt es, ohne es zu wissen, immerfort den Alb, daß es seine Ruh verließ, verloren rennt und wird ein Kreisel, nur um wieder frei zu sein in dem namenlosen Frieden, aus dem es einst weggelaufen.

Seit ich leb, war ich im Krieg mit mir, um den Frieden zu gewinnen. Und ich hatte keine Wahl, stürzte von beruflichen Thronen in tatsächlich gähnende Schluchten und traf nach dem trockenen Schluchzen, das mich schüttelte, immer wieder diesen Engel, der mir eine Lücke wies zu der Welt, die dicht daneben. Unabweisbar.

Die natürlichen Beweise meiner szientifischen Thesen, die in mich seit vierzig Jahren, morgendämmernd und befruchtend, einsausen mit hagelkörnigen Samen, die nicht weh tun, oh, sie lösen und sie gießen Dankbarkeit und Höherfliegen in einem Getroffenen aus, geh ich zwischen staunenden Lieben aus der Kunstzeit, die treu blieben (es sind viele, die nicht wagen, sich zu freuen, denn die Thesen sind sehr neu und der Alb der Programmierung in naive Ordnungen sitzt tief), ja, zwischen denen und den Dieben, die manchmal ekstatisch wittern, daß sich da Schätze verbergen (auch der Graf Marconi stahl erfolgreich die drahtlose Telegraphie von dem großen Niklas Tesla) – leb ich!

Na ja, wissen Sie, man konnt bis in die Zeiten des Erfindens von Leonardo, Edison bis Hahn und Braun übern Daumen annehmen, daß wir Geister sind, die vom Himmel fielen wie der Regen, der aus uns aufgestiegen, neues Irdisches fruchtbar macht, um, sagte ich mir, zu sehen, wie hart es sei, als Geschöpf seiner selbst sich auf Erden zu erleben. Ich dacht mir's so, und alles spricht dafür, daß es so ist. Und auf einmal blühten nicht nur Fleischgeburten aus uns auf, um sich Schritt für Schritt zurückzudienen aus dem Scheintod und der Mühsal, sondern plötzlich wuchsen die Erfindungen aus uns, die bis jetzt den Göttern vorbehalten schienen. Deshalb sagte Jesus: »Gott ist Geist.« Durch die Findung Hahns, Atomistik durch Kernspaltung, konnte man in Blitzesschnelle das Entstandne wieder löschen, oder diese flotten Reisen Brauns zu Nachbarplaneten, die Entfernungen vergessen machen und erst recht die Elektronik, TV und die andren Späße. Also Schluß mit dem Versuchstier, Heimkehr zu der Hochpotenz der Gedanken. Man schnalzt mit den Fin-

gern und man ist was anderes. Im Bewußtsein blieben ja Oberon und sein irdisch-lüsternes Weib, blieb das einstige Feeleben. Daß das möglich war und wahr, war durch Invention und Praxis, durch das Fahrrad, Flugzeug, Auto, Kino und die Schauspielkunst überhaupt schon lang gegeben.

Daß der Fall in andre Formen, zum Beispiel in Fleisch und Blut, nur durch Zauberei der Drehung, schwuppdiwupp durch Rotation, aller Welten möglich war, durch Bewußtseinsänderung, nun, ich rechne's mir zur Ehr an, hab ich durch die Allhypnose eigentlich recht klar bewiesen.

Die Brahmanen und der Preuße Coppernigk (Kopernikus) und der arme Italiener Galilei machten's leicht. Die Rotation war klar bewiesen. Die Gespenster = Schnelligkeit in uns und um alle Körper, die als Cor-pus Kern-Eiter heißen, also eine reinigende Krankheit darstellen, die der Patient Mensch und All gar nicht bemerken. So schnell geht die Heilung, und so kurz ist meist die Kur. Man braucht nur den Sinn zu finden. Wo ist die Wurzel dieser Krankheit und die Kraft des Riesenspielzeugs, das die rasche Prozedur durchführt ... Denken Sie, es war nicht schwer, logische Antworten zu finden und auch leicht beweisbare ... Daß das allenthalben maßlosschnelle Karussell Geistesschwäche produziert und den Blick in andre weitere Zonen öffnet, war mir bekannt, man nennt's Hypnose, und daß sein Ziel Verwandlung darstellt, fiel mir leicht, ist mehr als Hokuspokus. Es geschehen lebendige Wunder in den Leibern, Mutterleibern, Erdengräbern und dem Feuer.

Und noch etwas kam hinzu: Tod gibt's nicht: Man dunstet, fand ich, sich schon hier andauernd in die höheren Regionen, Sphären = Atmosphären, dicht um einen, Dunstkegel; man stirbt, man steigt, man wird leichter – lighter – lichter.

Nicht nur die Haare lichten sich, auch der Blick wird wieder himmlisch, und man kreist wie ein Vogel, wie man flog und wie man kreißte. Man gebiert sich dann in Stopps, in Verminderung des äußeren Tempos und erlebt sich als was Neues ... glaubt man. Dabei ist es nur ein anderes Gesicht, sind es andere Gesichte und Erlebnisse, Eindrücke, die uns schließlich Auskunft geben über einen, der man ist und immer blieb, ohne daß die Göttliche Komödie hier bewußt wird. Für die Reise löst man so unbewußt das Ticket durch das eigene Verhalten. Diese Fahrkarte steckt, wie das Erbrezept erkannt hat, in Myriaden Brieftaschen unseres entdeckten, brunnen-brunnen-tiefen Innern.

Groß waren die Ideen immer, die uns trieben, und die Härte und die Macht und der Spaß an der Erziehung, die wir uns da angedeihen lassen, unbeschadet aller Schläge. So groß, daß der Bann des Hypnos, die Trance dauernder Verwandlung, sehr schwer wegzurütteln ist.

Programmierung hieß der Ausdruck ... was da über einem liegt, das liegt fest.

Seit ich weiß, wir sind ein Mikrokosmos, jeder Regenwurm die Welt, eigener Sklave, eigner Hauptmann, glaub ich fest, wir sind es selbst, die uns programmieren. Es gehorcht uns ja der Cor-pus, der nach der Erkenntnis Welt ist.

Das ist eine Riesenhoffnung (denn man kann das Bessere wählen – wenn man's fand –, und, wie mancherlei Entwicklung tragisch zeigt, auch veritable Großgefahren).

Aber wie ich durch die Allhypnose fand, gibt's nie einen Grund, wirklich zu verzweifeln.

»Uns ist alle Macht gegeben auf der Erde«, und desselben Mannes hallelujahafte Todesformel war: »Vater, in Deine Hände befehle ich meinen Geist.« Statt des Vaters, wie gesagt, fand ich Väter, alles Ahnen, die mich machten; von dem ersten Anfang an bleiben meine früheren Leben blut- und genhaft ja in mir. Ganz zum Schluß will ich noch ein Wort darüber sagen, wie das angelsächsische Erbrezept mich davor bewahrte, mit meinen Entdeckungen ein einsamer Wolf zu bleiben, der in seiner Tundra jagt, ganz allein jagt.

Neben Künstlern, die wie auf biblischen Gemälden manchmal ein geheimnisvoller heller Strahl in ihre Brust trifft (bei mir war's dramatischer), fand ich in dem Doppelhelix-Erbrezept etwas, das mich traf und glücklich machte.

Ich hatte in Amerika schon vor 43 Jahren exklamiert, vor ein paar Freunden, die mich für meine Entdeckung Allhypnose unbedingt nach Stockholm schicken wollten, daß in dieser Unzahl von Partikeln, die in uns die Grottenbahn eines Mikrokosmos bilden, jedes Milliarden Grade Hitze mal unfaßbarer hoher Speed, Kräfte liegen müssen, die mit jeder Krankheit oder offnen Frage oder mit Gefahren spielend fertig werden müßten, wenn es einen Zugang gab zu ihnen, das hieß doch: zu sich zurück, zur Entdeckung eines Rätsels.

Und es gab nur einen Zugang zu diesen entdeckten, technisch allgemein benutzten elektronischen Riesenkräften, nämlich durch ihr eigenes Produkt, das in einem, aus der aus ihnen aufgestiegenen Dunstkugel, der Atmosphaira, sie in sich zurückholen. Sie war nicht nur gasgewordenes Wasser, sondern wie die Heilkraft aller wundersamen Kräuter (Heilwurzeln) im gekochten Wasser webt und brodelt und die Wirkung ihres Ursprungs tut, liegen in der Atmosphäre alle guten, alle bösen Mächte (nennen wir's nur wahrheitsgemäß Mächte unseres mikrokosmischen Innern). In dem Dunst um uns ist alles, was in uns ist, nur leicht (Gas) und geisterhaft beweglich. Gibt man sich dem uns umgebenden psychischen Gnadenmantel = Luft hin, strömen wie in einem warmen Bad alle Elemente, die man ruft, mühelos und sehr wohltuend ein in einen: Wenn man sie ruft und an sie glaubt!

Genau das eben heißt das Wort »heiligen«, das das Vaterunser fordert.

Jeder Künstler weiß, was er alles in sich und andren wecken kann. Dio mio, und erst recht die Politiker dieses Jahrhunderts von der Maas bis an die Memel, Wladiwostok bis nach Shanghai ...

Sie werden fragen, wieso muß man denn was tun. Luft = Gas = Geist ist immer doch um einen. Ja, Kinder, doch ohne Wahl.

Hinsichtlich der Durchführung dieser, ja, wie soll ich sagen, für den Körper wie den Geist ungeheuer wichtigen Therapie (es ist ja die Hingabe an den Himmel, an die Seele, die sie selber ausgeatmet – große Worte, doch es ist so), schlag ich Ihnen ebenso unkonventionell vor, halten Sie sich an die Erfahrungen Ihres sexuellen Lebens. Jetzt kommt Anspruch Nr. 3. Erfühlen Sie den Zustand dieses Mädchens, das Sie liebten. Das war unter oder über Ihnen ja nicht inaktiv. Es eratmete den Samen und den Körper dieses Mannes mit der Inbrunst und Begabung, die Sie Ihrer Atmosphäre gegenüber nachempfinden sollen. Das kann nicht so schwer sein, denn der Mann fühlt ja ganz ähnlich, bis es beide überwältigt. Wenn Sie krank sind oder sonst in Not, fühlen Sie der Atmosphäre über sich und um Sie gegenüber instinktiv denselben Zustand. Denn alle Welt ist Eros = Werden und die Zustände verwandt.

Und die Dichter und die Frommen, auch die Formeln aller Priester rufen eben gute Geister in die Seele, aus der Seele, und ich rat, die Engel, Boten (Schiller, glaub ich, nennt sie so und natürlich Shakespeare, Goethe: »Rufet die Arme der Götter herbei ...«), der leichten Kraft der Seele ganz natürlich anzurufen.

Es gibt keinen Großen, der nicht betet, der sich nicht im Wunderbaren über, um sich bettet wie im Eros. Nur sollt er den Eros Logos in sich selber finden. Und da ist wohl das Gefühl, ist die Ahnung eines jeden – alles.

Alle ahnen wir, daß Götter-Geister in uns sind. Daran kann kein Wadenbeißer etwas ändern, daß wir Kinder, das heißt ganze Kosmen zeugen können. »Gott in uns«, sagt Saulus-Paulus, und da uns die Ahnen »machten« und Naturgeschichte logisch, mystisch, voll Geheimnis ist seit den Griechen und dem Otto Hahn mit Atomen sowieso, fühl ich, wie die alten Römer mit den Manen, Ahnen in uns weiterleben, was eben viel weiter geht, als der Leberfleck am Po

einer süßen Großmama, den wir erbten. Einer, dem das nicht aufgeht, ist tatsächlich etwas Armes auf der Weide.

Ja, was wollte ich noch sagen: Deshalb fühlte ich ein stilles Hal-
leluja, als die orthodoxe Wissenschaft ihre Sturheit abgelegt hat
und in einem Höhpunkt ihres Daseins mit Hilfe Altmeister Rönt-
gen bewies:

Mein Gott, da schreibt etwas in uns, etwas oder jemand schrieb
mir, dem Sohn oder der Tochter Liebesbriefe des Uralten, Tief-Ver-
sunknen, lehrt mich, zeugt mich, formt mich, macht stark, o Dio,
rettet mich und sich. Natürlich! Er ist ja in mir, wir sind doch – eins.
Ich erfahr so auch mein Schicksal. Ahnte das die Bibel, wenn sie
sagt: »Es steht geschrieben«? Was eröffnet sich da alles, wenn ich
diese Briefe aufmach? Oh, wie? Na, wenn ich die Luft einsaug, die
um mich ist, meine Atmosphäre, die ich ausgeatmet habe, meine
Seele, den privaten Himmel! Nenn's, wie'sd magst, wie's dein
Gespür dir eingibt.

Dazu mach dich wohlig, weich und locker, relaxed, entspannt,
alles, was moderne Forschung oder Liebe, Küssen grade dir eingibt.
Ergib dich dem Atem und dem heaven durch den Mund und durch
Myriaden Löcher in der Haut. Du wirst sehen, Du wirst higher.
(Heia sagt man auch zum Bett, nicht?)

Und ein Drittes in der Wort-Familie, ganz natürlich, unpathetisch, laß dich heilen.

Das steht alles in den unsichtbaren Briefen des entdeckten inneren Stroms, seit Milliarden Jahren schon. Man hat sie nur nicht
gelesen.

Und jetzt hat das »Erbrezept« der Scientia sie bewiesen ... Wer
die Briefe seines Geists nicht aufmacht, fällt in den Papierkorb mit
zerknüllten Briefen.

Sie werden's vielleicht verstehen, ich verstand es lange nicht,
wieso unsere Leut von sich à tout prix nichts wissen wollen. Es hat
vielleicht, nein, ganz sicher mit der Selbsterziehung viel zu tun. Vor

der Reife Kinder machen, setzte für zu junge Mütter einstmals Prügel; und heute haben sie nichts zu beißen, wenn so was passiert – ohne bürgerlichen Vater.

Und im Geiste ist es ähnlich. Ohne Moral Gott zu werden, schafft doch nur Lenins und Hitlers.

Aber brechen nicht die Dämme dann von innen?

Daß das Vorrecht der Vernichtung und Entfernungsüberwindung, daß die Bombe und Rakete und das Fax uns eingefallen, uns, den sterblich-dumm Fragilen, ist doch ein Fanal, daß die Schande der Materie sich langsam dem Ende zuneigt, daß das dumpfe, manchmal süße Biedermeierhäubchen wieder fliegender Freiheit weicht, daß der Geist der Götter aufwacht, daß die äußerste Beschränkung sich langsam von selber aufhebt.

Ganz privat bekam ich mit dem Erbrezept eine mehr als merkwürdige große Hilfe.

Weiß nicht, ob die jungen Angelsachsen in Old-England und der Yankee zeitgeistlich es zu erkennen imstand waren, was sie auf der Erdenbasis für ein Mirum da enthüllten.

In dem Pünktchen eines Pünktchens, kleiner, als die kühnste Mär fähig war sich vorzustellen, stand die Wahrheit. Ihr weiser Bruder Hahn in Deutschland hatte – auch im Zweiten Weltkrieg – so was Ähnliches gespalten, und im Bruchteil von Sekunden war Hiroshima vernichtet. Unser Geist, der Spiritus omnipotens, hat sich, wie die Griechen ahnten, im Gedicht des Märchengottes Uranos versteckt, verkrochen. Wie der geschlechtliche Same und das Ei die Körper schufen, fast im Nichts, in der hellen Nacht unserer Hoffnungen verschwunden sind, um aus dort zu zeugen, zu gebären, zu vernichten, hat er sich Quintillionen Mal in jedem von uns eingenistet. Das ist hier die Frage. Wir in uns? Wir sind dumm und blind und alles – nachgewiesener Mikrokosmos. Was wir sagen, das geschieht. Wohin führt uns unser Wagen?

Hab ich nicht vor 43 Jahren da drüben, als alles aus schien, neu geboren, selbst erfunden, wie aus elektronischen Gluten unserer Leiber Himmel werden, aus denen es immerfort in uns einfällt? Weiche, fast nicht spürsame Hagelkörner, die uns unmerklich durchbohren und begatten, und ich fragte, wie man diese heilende Schrift erfährt. Ich erfuhr's und ich rate jetzt im Alter:

Fragt Euch nur, und wie aus Mädchen Kinder werden, wird die unhörbare Antwort zum Gedanken aus Euch wachsen,

wenn

Erkenntnis Glaube wird

und du aus dir schöpfen lerntest.

Wenn Ihr Schmerzen, Sorgen habt, dann erinnert Euch an diesen U.S. Captain Armstrong – wissen Sie noch? – , den Mann im Mond, den einzigen, der jemals dort war. Der funkte von oben runter über dreimal hunderttausend Kilometer, wissen Sie, womit? Einer Schwachstrombatterie in der Schneemann-Hosentasche. In Sekunden hat dieses Gotteswunder beinahe kindlich sich vollzogen.

Ich geb Ihnen einen Rat. Sehen Sie Ihren angebornen Instinkt als so eine Taschenlampe, die da durch den orbis sprang, im Hui der Absonderheiten, die exakt auch so in uns sind.

Unser Gespür ist verkümmert, hören Sie, wenn man an den Dackel denkt oder an die Katz, die Schwalbe; es zurückgewinnen ist das eigentliche Ziel des Lebens auf Erden. Wie? fragen Sie. Augen zu und heiteres Lächeln und ein Horchen in sich selber, und Sie wandern durch die Welten auf den Straßen durch die Luft, wie ich es dem russischen Freund – mit der Zeit – riet in der kleinen Flugmaschine oder rate in Gedanken. Und das helle Abenteuer kann beginnen: Auf, nach Hause und – zu Ihnen.

In uns ist der Geist gefangen, den wir in den wilden Kreisen, in dem Sturm verloren glaubten nach dem Dämmern in der Tiefe.

Ja, das war's. Sollten wir uns wiederlesen, werd ich Ihnen viel
erzählen davon, wie ich viel erfahren,
von der Schmach Materie mich zu lösen und doch der Station hier
unten einen Handkuß abzustatten.

Man hat sie durchschaut als sich, als das Mirum in Verwandlung,
die einen zum eignen Vorteil so sehr täuschte: Man war sie. Im
Kostüm Reiz, Mord und Dumpfheit. Man blieb als Nichts und als
Etwas immer Alles und muß dankbar sein zu lernen – von sich.

Man war große Möglichkeit.

Was man mochte, wurd aus einem.

Man wollt neblig sich erinnern an das Gottsein und bracht es nur
zum Marquis mit dem schwarzen Schönheitspflasterl und später
zum sowjetischen Kommißarschloch.

Rühmlich war die Sache nicht.

Weder Graf noch Filmschauspieler.

Weiter ging die Sache selten.

Man wollte hier ganz fein wohnen, essen

und – am End wurd man geschlachtet.

Dazu war man Mikro-Kosmos.

Oh, welche Schande.

* * *

Fühlen Sie, wie's weitergeht.

Denken führt Sie nicht zum Ziele.

Vorschlag:

Lassen Sie sich fallen ...

Lächeln Sie der Wolke zu, die aufsteigt,

wenn Sie ganz ganz unten ...

Holen Sie Erkenntnisse, wenn sie noch so groß sein mögen, wieder zurück zu der Mitte. Balance ist ein Zauberwort.

Seien Sie hei-ter: »hei« ist »high« und »ter« ist »drehen«.

294

Legen Sie sich hin und lassen Sie, da wir's nicht von selber können, das von Ihrem Geistlein machen. Jeder hat ein großes in sich.

Schön! Finito!

Sind diese »Geheimnisse« jetzt zu Ende? Weiß nicht; wenn was fertig ist, hab ich immer das Gefühl, das wäre ein guter Anfang.

Ich erzähl Ihnen zum Schluß einen Traum, den ich – mit kleinen Variationen – seit kurzer Zeit immer wieder jetzt erlebe.

Ich war mit einer eleganten Frau im Theater. Ich glaube, es war das Burgtheater, Wien, wo ich vor sehr vielen Jahren Höhepunkte unbewußten Schaffens »spielte«. Ach, was – »spielte«. Somnambul und doch ganz natürlich.

Das gelingt einem nur manchmal.

Im Traum sitz ich im Parkett und seh mich oben auf der Bühne in den provokanten Darbietungen. Diese Dame neben mir hat die Augen zu. Ein selig-totes Lächeln. Weit weg, beide. Dann setzt ein frenetischer Applaus ein. Zu laut, aber doch beglückend. Ich greif nach der Hand der Frau. Uralt mit ganz hohen Adern. Das ist Nani. Wir waren 43 Jahre Eheleute ... Wir steigen nicht, im Kampf mit den anderen, über deren Knie. Und sind draußen. Wie? Ich weiß nicht.

Und wir stehen tief atmend in der Nachtluft.

»Das Theater ist zu Ende. ›Erde, Luft, und Sterne‹ hieß es.«

»Schau, der Mond ist ganz toll nah, merkst du's? Und das Pflaster ist so weich.«

Wir nehmen uns bei der Hand und die Tiere in die Arme.

Sehen uns und ihnen tiefer als gewöhnlich in die Augen. »Psst. Es war großes Theater – nicht? –, das wir da erlebten. Ja.«

»Du! Ach, ja – «

Thea-ter, ah, die Göttin »Thea« dreht sich nicht mehr. Merkt Ihr's nicht? Seid still, wir fliegen jetzt heim. Heim. Seid – Ihr – zu – Frieden?

Ah, da sind auch diese zwei Angelsachsen und der Yankee. Crick
und Watson und der Wilkins, die röntgenologisch schon da unten
Stränge fanden.

Es waren Fäden, die wir spannen, ins Unendliche gesetzt ...
Hoppla, diesmal geht's nicht vorwärts, sondern rückwärts, ins Vergangene,

in die Mutter aller Zukunft.

Und im Anfang findet man das Gesuchte. Diese Wahrheit!

Schon in Klosterneuburg, keinen Bart noch, fand ich,

was war, das ist wahr.

Dort am Anfang sind Gott-Götter-Wir noch ohne den verklär-
ten Schimmer

mit der Macht und Kraft und Sünde und den Fällen in die Tiefe.
Mit der Unruh vor der Dämmerung.

Erst mit ihr begann der Faden Ariadnes,

um aus unseren Labyrinthen

als geblendeter Ödipus heimzufinden.

Damals wurd der Faden Strang,

der uns nie erwürgen konnte,

denn wir sind ja da,

wir leben

stets und

wieder

und in allem.

NACHWORT

Ein unvergeßlicher Eindruck: vor der Dunkelheit des Waldes von Vernate die Gestalt O.W. Fischers, hochgewachsen und sehr schlank, aufrecht in Haltung und Allüre – eine Legende seiner selbst.

Sein Name hat in der darstellenden Kunst des 20. Jahrhunderts in Deutschland einen eigenen Klang. Eigen und unzerstörbar deshalb, weil O.W. Fischer sich über alles Erlernbare hinaus als singuläre Erscheinung Raum und Gehör verschaffte. Seine Klarsicht und die Tiefe der Gestaltung haben bis heute nichts von ihrer Gültigkeit verloren. Er befand sich stets jenseits des Alltäglichen. Würde man ihn danach fragen, wäre die Antwort: »Ein wenig war ich immer ›der Herr vom anderen Stern‹.« Dies aber ist keine Abgrenzung von dem Publikum, das ihn liebt bis zum heutigen Tag, sondern ist vielmehr eine eigentümliche Erdenferne, die Teil ist dessen, was unser Sprachgebrauch ein wenig zu rasch mit dem Begriff »Liebling der Götter« umschreibt.

Er selbst nennt sich niemals einen Schauspieler. Er ist Darsteller – ein ganz facettenreicher Begriff: O.W. Fischer rückte greifbar ins Bewußtsein des Publikums jene Figuren, die noch jetzt präsent sind – sei es der Regisseur Tornau (»Solange Du da bist«), der Märchenkönig Ludwig II., der dunkle Seher (»Hanussen«), der junge Offizier Jost von Fredersdorff (»Eine Liebesgeschichte«) oder der österreichische Baron Hill (»Das Riesenrad«). Er spielte also nie, sondern ist faßbare Gegenwart selbst da, wo er sich dem Zugriff zu entziehen scheint. In der Auffassung seiner Rollen hat er wie kaum ein anderer ungemein variiert. Das Tragische schien bei ihm elementar aus seinem Inneren hervorzubrechen. Das Komische – bei ihm untrennbar vom Tragischen – verband er mit versöhnender Güte: ein Hauptmerkmal des Menschen und des Darstellers. Doch darf man O.W. Fischer nicht in der reinen Gegensätzlichkeit von Schwarz-Weiß suchen. Er ist ohne seine bewußt gewählte Einsamkeit und sein Schweigen als Lebens- und Kunstdimension nicht zu verstehen. Dieses Schweigen wird noch verstärkt durch ein gewisses Aus-der-Welt-Herausgefallensein, wodurch sich allerdings keine Kluft zwischen ihm und seinem Publikum auftut. Er versteht dieses Sein als Vereinzelung und zugleich als Urerlebnis, als ethisch spürbaren Anstoß zu sinnerfüllter Existenz. Sich erkennen bedeutet für O.W. Fischer, sich menschlich zu bewähren.

Man hat diese Vereinzelung in seiner Auffassung des Bayernkönigs Ludwig II. ebenso erspüren können wie in jener frühen Interpretation des Jost von Fredersdorff nach Carl Zuckmayers preußischer Erzählung »Eine Liebesgeschichte«. Beide Charaktere schienen sich auf den ersten Blick nicht zu ähneln – der unglückliche, von Jenseits- und Kunstsehnsucht getriebene König einerseits und der als zupackender Haudegen geschilderte Jost von Fredersdorff andererseits, der bereit ist, einer leidenschaftlichen Liebesbegegnung seine Existenz zu opfern.

Doch beide Figuren haben etwas gemeinsam: Sie sind nicht ganz von dieser Welt. Wiederaufführungen haben diesen Eindruck beim Zuschauer gefestigt. Jene Erdenferne versteht O.W. Fischer als die geistige Unruhe dessen, der seine Verwirklichung »in den Wolken« sucht. In beiden genannten Filmen war dies zu ahnen – dem Publikum blieben der ferne Blick, die Hände, denen alles zu entgleiten schien, und die Ruhelosigkeit eines schöpferischen Geistes nicht verborgen.

Vergessen wir nicht den Humor. Seine Spuren sind in den Lustspielen und Satiren, in den Tausendsassa-Verwandlungskünsten des Komödianten O.W. Fischer zu entdecken, wenn er in seiner unglaublichen Bewegungsfreude die Leinwand förmlich erzittern ließ. »Es muß nicht immer Kaviar sein« oder »Mit Himbeergeist geht alles besser« verfestigten den Eindruck eines besonderen Humors jenseits des nur Vordergründigen. Es ist ein Humor der Güte, des tiefen Verständnisses eines Menschen für den anderen Menschen, im Grunde erbarmende Liebe. Erst aus der Tiefe des versöhnlichen Humors heraus kommt unser Lachen, weniger amüsiert als eben erlöst. Gerade daher rührt zweifellos die Treue seines Publikums. Daß in diesem Zusammenhang O.W. Fischer seinen Film »Helden« nach George Bernard Shaw immer wieder als seinen liebsten bezeichnet, verwundert nicht. Das hintersinnige Spiel der Enthaltsamkeit, das der herzenskluge Schweizer Hauptmann Bluntschli mit Raina, seiner Lebensretterin, treibt, zeigt jenen fast Lessingschen Humor, wie er in den Liebesspielen der »Minna von Barnhelm« um Glück und Wahrhaftigkeit anklingt.

All das hier Geschilderte wird den Weg bereiten zu jener zweiten Gestaltungsform, die in O.W. Fischers Leben einen entscheidenden Platz eingenommen hat – das Schreiben. Er bedient sich des Mediums der Poesie und der visionär verstandenen Sprachgewalt. Die weiten Bereiche philosophischen Denkens und Erkennens wurden stärker und bestimmender nach dem Rückzug aus dem Lärm und dem Treiben der Welt. Hier öffnet sich die Tür zu Selbstfindung und Selbsterkenntnis. »Die Inschrift am Tempel von Delphi – Erkenne dich selbst – «, höre ich Fischer sagen, »verheißt dem Menschen Erlösung, Selbst-Erlösung, denn das Göttliche ist stark in uns.«

Er ist ein begnadeter Erzähler. Gerade die kleine Form kurzer Lebensausschnitte, wie sie am Anfang dieses Buches gesammelt sind, gelingt ihm auf besondere Art. Es ist, als läge über allem Erlebten der Goldstaub behüteter Kindheit und Jugend. Wo O.W. Fischer rückblickend, doch keineswegs verklärend, die geliebten Schatten seiner frühen Jahre beschwört, brechen sie ihr Schweigen, und ihr Lächeln, ihre Zärtlichkeit und ihre Stimme beziehen den Leser – also jeden von uns – mit ein.

Doch jenseits dessen tut sich eine andere Dimension auf. Durch seine Findung der *Allhypnose* hat O.W. Fischer unergründliche Bereiche betreten: die ungeheuere Bewegung des Universums, die Rotation als Grundlage allen Lebens, die Hypnose jedes existierenden Wesens als Therapie, um der Gewalt der Gestirne standhalten zu können. Was hier wie eine kosmische Vision erscheint, wird dem dichterisch sprechenden Philosophen zum Bild der Erkenntnis: um uns ist ein tosender Sturm – und wir merken es nicht.

In seiner tiefen Enttäuschung über Hollywood, an einem der dunkelsten Tage seines Lebens, rettete ihn die Findung der Allhypnose vor dem Selbstmord. Sein Versuch, sich im Pazifik das Leben zu nehmen, und seine Errettung führten zu einer tiefgehenden Wandlung.

Die Findung des Phänomens Allhypnose hat O.W. Fischer, wie er sagt, nicht aus, sondern in die Lebensbahn zurückgeworfen. »In uns allen«, folgert er, »ist im Kleinen das ganze Universum. Dies alles gehört zum Lehrprogramm von Fall und Auferstehung.«

Die Sprache dieses großen Einsamen muß jeder für sich neu erkämpfen, muß seinen Sinn in ihr finden. Geben wir ihm zum Schluß noch einmal das Wort:

»Wir wollen leer sein und uns füllen,
füllen und erfüllen mit dem Neuen,
das wir hier in Schmach und Not
der Materie erfuhren.«

O.W. Fischers philosophische Einsichten können die Leser als eine Art Vermächtnis ansehen. Dieses Buch mit seinen visionären Gedanken erfüllt uns mit Staunen. Und dieses Staunen führt zu einem tieferen Verstehen.

Margarethe Krieger

Film- und Fernsehverzeichnis

Nach dem Titel ist jeweils das Produktionsland angegeben:
A = Österrreich, D = Deutschland, DK = Dänemark, E = Spanien,
F = Frankreich, GB = Großbritannien, I = Italien, Yu = Jugoslawien

1936 **Burgtheater** (A)
Regie: Willi Forst

1939 **Anton der Letzte** (D)
Regie: E.W. Emo

Schwarz gegen Blond (D)
Regie: Philip von Zeska
Kurzspielfilm

Fräulein Figaro (D)
Regie: Philip von Zeska
Kurzspielfilm

1940 **Meine Tochter lebt in Wien** (D)
Regie: E.W. Emo

1941 **Der Meineidbauer** (D)
Regie: Leopold Hainisch

1941/42 **Wien 1910** (D)
Regie: E.W. Emo

1942 **Sommerliebe** (D)
Regie: Erich Engel

1943 **Die beiden Schwestern** (D)
Regie: Erich Waschnek

1943/44 **Glück unterwegs** (D)
Regie: Friedrich Zittau

Sieben Briefe (D)
Regie: Otto Pittermann

1944 **Spiel** (D)
Regie: Alfred Stöger

1944/45 **Leuchtende Schatten** (D)
Regie: Geza von Cziffra
Unvollendet

Sag' endlich ja (D)
Regie: Helmut Weiß
Unvollendet

1945 **Shiva und die Galgenblume** (D)
Regie: Hans Steinhoff
Unvollendet

1947 **Triumph der Liebe** (A)
Regie: Alfred Stöger

Das unsterbliche Antlitz (A)
Regie: Geza von Cziffra

Hin und Her (A)
Regie: Theo Lingen

1948 **Fünf Mädchen und ein Mann**
(GB/I/A/F/D)
Regie: Geza von Cziffra
Episodenfilm

Verlorenes Rennen (A)
Regie: Max Neufeld

1948/49 **Liebling der Welt** (A/F)
(Rosen der Liebe/Seine
Hoheit darf nicht küssen)
Regie: Max Neufeld

1949 **Märchen vom Glück/**
Traum vom Glück (A)
Regie: Arthur de Glahs

1950 **Erzherzog Johanns**
große Liebe (A)
Regie: Hans Schott-Schöbinger

Verträumte Tage (D/F)
Regie: Emile Edwin Reinert

1951 **Heidelberger Romanze** (D)
Regie: Paul Verhoeven

1951/52 **Das letzte Rezept** (D)
Regie: Rolf Hansen

1952 **Ich hab mich so an Dich**
gewöhnt (A)
Regie: Eduard von Borsody

Tausend rote Rosen blüh'n (D)
Regie: Alfred Braun

Bis wir uns wiederseh'n (D)
Regie: Gustav Ucicky

Cuba Cabana (D)
Regie: Fritz Peter Buch

1952/53 Der träumende Mund (D)
Regie: Josef von Baky

1953 Ein Herz spielt falsch (D)
Regie: Rudolf Jugert

Solange Du da bist (D)
Regie: Harald Braun

Tagebuch einer Verliebten (D)
Regie: Josef von Baky

1953/54 Eine Liebesgeschichte (D)
Regie: Rudolf Jugert

1954 Bildnis einer Unbekannten (D)
Regie: Helmut Käutner

Ludwig II. – Glanz und
Ende eines Königs (D)
Regie: Helmut Käutner

Napoleon (F/I)
Regie: Sacha Guitry

1955 Hanussen (D)
Regie: O. W. Fischer,
Georg Marischka

1955/56 Ich suche Dich (D)
Regie: O. W. Fischer

1956 Mein Vater, der Schauspieler (D)
Regie: Robert Siodmak

Herrscher ohne Krone (D)
Regie: Harald Braun

1957 Skandal in Ischl (A)
Regie: Rolf Thiele

El Hakim (D)
Regie: Rolf Thiele

1958 ... und nichts als die Wahrheit (D)
Regie: Franz Peter Wirth

Peter Voss, der Millionendieb (D)
Regie: Wolfgang Becker

Helden (D)
Regie: Franz Peter Wirth

Don Vesuvio und das Haus
der Strolche (D/I)
Regie: Siro Marcellini

Die schwarze Lorelei (GB)
Regie: Lewis Allen

1959 ... und das am Montagmorgen (D)
Regie: Luigi Comencini

Menschen im Hotel (D/F)
Regie: Gottfried Reinhardt

Abschied von den Wolken (D)
Regie: Gottfried Reinhardt

Peter Voss, der Held des
Tages (D)
Regie: Georg Marischka

1960 Scheidungsgrund: Liebe (D)
Regie: Cyril Frankel

Mit Himbeergeist geht alles
besser (A)
Regie: Georg Marischka

1961 Das Riesenrad (D)
Regie: Geza von Radvanyi

Es muß nicht immer Kaviar
sein (D/F)
Regie: Geza von Radvanyi

Diesmal muß es Kaviar sein
(D/F)
Regie: Geza von Radvanyi

1962 Axel Munthe, der Arzt von
San Michele (D/I/F)
Regie: Rudolf Jugert,
Giorgio Capitani

1963 Berlin-Melodie (D)
Regie: Paul Martin
TV-Show

Frühstück im Doppelbett (D)
Regie: Axel von Ambesser

Das Geheimnis der schwarzen Witwe (D/E)
Regie: Franz Josef Gottlieb

1965 **Onkel Toms Hütte** (D/YU/F/I)
Regie: Geza von Radvanyi

Der Marquis – der Mann, der sich verkaufen wollte (E/DK)
Regie: Niels West-Larsen

1966/68 **Geh ins Bett, nicht in den Krieg** (I/E)
Regie: Franco Rossi

1969 **Liebesvögel** (D/I)
Regie: Mario Caiano

Transplantation (D)
Regie: Rolf Busch
TV-Film

1970 **Das weite Land** (A/D)
Regie: Peter Beauvais
TV-Film

Die Fliege und der Frosch (D)
Regie: Wolf Dietrich
TV-Film

1972 **Amouren** (D)
Regie: Korbian Köberle
TV-Film

1976 **Teerosen** (D)
Regie: Rolf von Sydow
TV-Film

Ein Glas Wasser (D)
Regie: Wolfgang Glück
TV-Film

1986 **Auferstehung in Lugano** (D)
Regie: Edgar von Heeringen
TV-Interview: Holde Heuer

1987/88 **Herbst in Lugano** (D)
Regie: Ulrich Stark
TV-Episodenfilm

1990 **Ich möchte noch erwachsen werden** (D)
Regie: Rainer Bertram
TV-Interview: Hella Schwerla

Dieses Verzeichnis wurde entnommen aus:
CineGraph, Lexikon zum deutschsprachigen Film, München 1984 ff.